Deux garçons
à la mère

GUYLAINE GUAY

Deux garçons
à la mère

Libre Expression
Une société de Québecor Média

Catalogage avant publication de Bibliothèque et Archives nationales du Québec et Bibliothèque et Archives Canada

Guay, Guylaine, 1969-

    Deux garçons à la mère

    ISBN 978-2-7648-1078-1

      1. Guay, Guylaine, 1969-   - Famille. 2. Mères d'enfants autistes - Québec (Province) - Biographies. 3. Enfants autistes - Relations familiales - Québec (Province). 4. Autisme infantile. I. Titre.

RJ506.A9G82 2014   618.92'858820092   C2014-941817-5

Édition : Johanne Guay
Direction littéraire : Nadine Lauzon
Révision linguistique : Sylvie Dupont
Correction d'épreuves : Frederick Letia
Couverture : Chantal Boyer
Grille graphique intérieure : Axel Pérez de León
Mise en pages : Annie Courtemanche
Photo de l'auteure : Sarah Scott
Photo de la couverture : Isabelle Carpentier-Fuentes

Remerciements
Nous reconnaissons l'aide financière du gouvernement du Canada par l'entremise du Fonds du livre du Canada pour nos activités d'édition.
Nous remercions le Conseil des Arts du Canada et la Société de développement des entreprises culturelles du Québec (SODEC) du soutien accordé à notre programme de publication.
Gouvernement du Québec – Programme de crédit d'impôt pour l'édition de livres – gestion SODEC.

Les Éditions Libre Expression
Groupe Librex inc.
Une société de Québecor Média
La Tourelle
1055, boul. René-Lévesque Est
Bureau 300
Montréal (Québec) H2L 4S5
Tél. : 514 849-5259
Téléc. : 514 849-1388
www.edlibreexpression.com

Dépôt légal – Bibliothèque et Archives nationales du Québec et Bibliothèque et Archives Canada, 2014

ISBN 978-2-7648-1078-1

Distribution au Canada
Messageries ADP inc.
2315, rue de la Province
Longueuil (Québec) J4G 1G4
Tél. : 450 640-1234
Sans frais : 1 800 771-3022
www.messageries-adp.com

Diffusion hors Canada
Interforum
Immeuble Paryseine
3, allée de la Seine
F-94854 Ivry-sur-Seine Cedex
Tél. : 33 (0)1 49 59 10 10
www.interforum.fr

SOMMAIRE

Avant-propos 9
1. Le temps de l'avant 11
2. Fais-nous rire 15
3. En… quoi ? Enceinte ! 23
4. J'ai fait un rêve 29
5. Clovis, mon Clovis 33
6. Je te quitte… un peu 37
7. Dites-moi, docteur 47
8. Un vol pour ailleurs, s.v.p. 53
9. Dites-moi, docteur, prise deux 59
10. Bienvenue sur notre planète 65
11. Il était une fois… deux fois, l'autisme 73
12. Qu'est-ce que ça mange en hiver,
un autiste ? 81
13. C'est juste d'l'amour 87
14. Services, où êtes-vous ? 93
15. Chapitre chanceux 103
16. Il est autiste, madame, le voulez-vous ? . . 113
17. Mes intrigantes bibittes 119
18. Les plus belles vacances de ma vie 125
19. Moi 133
20. L'avenir ou le chapitre difficile à écrire . . 137

21. Capitaine Espoir 141
22. Lettre à mes fils 145
Remerciements 147

AVANT-PROPOS

Lorsque j'ai su que j'allais écrire ce livre, j'ai été folle de joie. Mon cœur, mon âme et mon ego se sont gonflés comme des ballons de fête !

Imaginez : étendre mon vécu sur du papier, puis l'amener jusqu'à vous. Jongler avec les anecdotes, rire des travers, raconter mon parcours de parent d'enfants « différents » comme on raconte une histoire.

Un début, un milieu et une fin.

Mais comment écrire une histoire dont on ne connaît pas la fin ? Et puis, cette histoire, c'est mon histoire, notre histoire… Tout à coup, un léger vertige est venu ébranler mon enthousiasme. Moi qui ne doute jamais, j'ai un peu douté, j'ai même eu peur.

Des questions et encore quelques questions.

– Et si je prenais conscience, en écrivant, que ma vie est un chaos sans nom, finalement ?

– Les gens se rendraient sûrement compte que je suis vulnérable : allais-je perdre toute crédibilité ?

– Mon écriture laisserait-elle transparaître mon embonpoint ?

– Et si écrire me faisait pleurer sans arrêt ? Allais-je me ruiner en mouchoirs de papier ?

– Qu'est-ce que j'allais porter au Salon du livre ?

– Qui voudrait bien me lire ?

Tant de questions... jusqu'à ce que mon moi intérieur, celui qui ne porte ni paillettes ni maquillage, me regarde droit dans les yeux : «Tu as peur de quoi, Guylaine ?»

Grande inspiration.

Silence.

Réponse.

J'ai peur de cette rencontre entre moi et mes mots. Entre mes mots et vous. Entre nous.

J'ai repoussé les mots autant que possible, mais, heureusement, ils m'ont rattrapée. Le clavier ne me semble plus si hostile. Je me suis même inventé un rituel d'écriture : je fais deux litres de café extrafort et je me coiffe d'une tuque... C'est bizarre, je sais, mais j'ai l'impression de garder mes idées au chaud.

Le processus créatif est bien mystérieux, mes amis...

Trois mots-clés m'accompagneront tout au long de ce voyage au bout de moi-même : simplicité, authenticité et vérité.

C'est donc coiffée d'une tuque à pompon et déjà fortement imbibée de caféine que je vous souhaite la bienvenue chez nous.

N'essuyez pas vos cœurs avant d'entrer.

LE TEMPS DE L'AVANT

Je n'ai jamais voulu d'enfant. Pas un, pas deux, pas trois, surtout pas quatre. Je sais, ça commence raide, mais comme mon intention est d'être authentique, je le redis : je n'ai jamais voulu d'enfant.

Mes ovules ne m'ont jamais crié à tue-tête qu'il serait important de léguer mon code génétique à quelqu'un qui aurait le même nez que moi.

Mon utérus n'avait rien du matériel de reproduction massive. Juste l'idée de porter un autre être humain pendant neuf mois, d'accepter en toute conscience qu'il lui pousse des jambes et des bras dans mes entrailles ne me plaisait pas du tout.

Et je vous épargne les détails de ma peur complètement irrationnelle de l'accouchement, de ce bébé qui se fraierait un chemin en arrachant tout sur son passage. Je savais qu'il y avait de l'amour au bout du tunnel, mais j'allais laisser ça aux autres. J'aimais les enfants, mais ceux des autres, ceux qui n'avaient pas endommagé mon plancher pelvien.

Des enfants, j'en ai connu des milliers. J'ai été monitrice de camps de vacances, c'est vous dire combien j'en ai vu passer. Des beaux, des laids, des intelligents, des odorants, des attachants, des droitiers, des détestables, des brillants, des créatifs, des polis, des rêveurs, des hyperactifs, des magnifiques, des ordinaires. Bref, des enfants.

Mon nom de camp était Lune : désinvolte, un brin mystérieuse et ronde.

Je me rappelle un certain après-midi de mon premier été au camp Bruchési dans les Laurentides. J'avais dix-sept ans. J'étais avec ma troupe d'enfants et nous prenions une collation sur la plage après quelques heures de baignade. Pendant que je me battais avec la pelure de quarante-quatre clémentines pour les donner à mes jeunes, j'ai vu un groupe d'adolescents autistes très bruyants arriver près de nous. Ma première pensée a été : « Mon Dieu, que ça doit être épouvantable d'avoir des enfants comme ça ! » Et j'ai continué à peler des clémentines.

J'aimais beaucoup mon travail de monitrice. La fille de ville que j'étais découvrait enfin la différence entre un bouleau et un sapin. Je pouvais allumer un feu sous la pluie et je savais même concocter de la tisane d'épinette. Tout un exploit pour une fille née à côté d'une station de métro qui, à six ans, vendait de la limonade à la vente trottoir du quartier !

Peu sportive, j'ai tout de même pris goût à l'escalade, au tir à l'arc et au canot, mais je n'ai jamais ressenti, ni sur une paroi de pierre ni dans un lac, l'envie de devenir propriétaire d'un petit moi.

J'ai rencontré des milliers de parents : des beaux, des laids, des odorants, des attachants, des droitiers, des détestables, des courageux, des insensibles, des colorés, des volubiles. Bref, des parents.

Je comprenais bien des choses lorsque je les voyais arriver et, du coup, je ne les enviais nullement. Je me permettais même de les juger, ce que je ne fais plus, ou presque plus. J'avoue que j'étais soulagée quand, après deux semaines de feux de camp, de chansons festives et de repas tièdes, quelqu'un venait réclamer son petit prolongement de lui.

Pourtant, à mon insu, le destin m'avait donné rendez-vous ce jour-là, sur cette plage, entre deux clémentines.

Vingt-cinq ans plus tard, en recevant le diagnostic d'autisme de mon plus jeune, je me souvenais encore avec une étonnante clarté de cet après-midi où, pendant que je pelais quarante-quatre clémentines, je m'étais dit en voyant un groupe d'autistes adolescents : « Mon Dieu, que ça doit être épouvantable d'avoir des enfants comme ça ! »

Réponse à moi-même : non.

J'ai enfanté deux enfants autistes.

Je suis encore désinvolte, mais je peux l'affirmer avec aplomb : pendant que mes enfants sortaient de mon ventre, moi, je sortais de mon nombril.

Fais-nous rire

L'humour a toujours été mon arme, mais je n'aime pas trop dire ça, car je suis assez pacifique.

À l'exception de cette fois-là, quand j'avais neuf ans. J'étais au primaire et trois garçons plus vieux que moi et franchement malintentionnés m'ont lancée dans la rue sous prétexte que mon habit de motoneige était risible. Il l'était probablement, mais ça ne valait sûrement pas un vol plané au milieu de la rue. Parce que quand je dis «lancée dans la rue», je veux dire qu'ils m'ont littéralement soulevée par le fond de culotte d'habit de motoneige et m'ont propulsée au firmament de l'inconfort, face première sur l'asphalte.

Bon, mon habit – qui avait appartenu à un oncle avant moi – était orange… et comme je pesais déjà presque 200 livres, il est vrai que mon physique d'Orange Julep pouvait attirer quelques moqueries. Cette fois-là, l'Orange Julep a explosé, et j'ai donné un solide coup de pied dans les parties intimes d'un des agresseurs de onze ans.

Cet incident m'a valu une visite chez la directrice, qui, croyant bien faire, a demandé aux méchants garçons de me présenter des excuses devant toute l'école. Jusque-là, juste un peu gênant. Mais ils ne devaient pas m'offrir de simples excuses, ils devaient me demander pardon sous forme de poème.

« Une fille, c'est comme une rose, nous devons en prendre soin… » (Extrait dudit poème.) Je me souviens clairement de leurs visages crispés qui récitaient ces mots sans aucun remords. Et de moi, debout juste à côté d'eux devant tous les élèves, qui me liquéfiais en attendant que l'épreuve s'achève.

La honte. Pire qu'un vol plané dans la rue, pire qu'un habit de neige horrible, pire que tout…

Les bonnes intentions de la directrice avaient un goût amer.

Malgré ce fâcheux épisode, je suis facilement passée à travers mes années de primaire et de secondaire.

Il faut dire que je suis née dotée d'un bouclier très étanche contre la méchanceté.

Et puis le Bon Dieu avait orné ma tête d'une chevelure aux allures de soleil et vaguée comme la mer. Il ne m'en fallait pas plus pour m'aimer. Deux énormes « flips » à la Farah Fawcett agrémentaient mon rond visage et faisaient oublier que je n'avais pas de cou…

Mes cheveux, ma fierté… Malgré ma graisse, la grâce capillaire.

Quand je me promenais dans la rue, mon discours intérieur aurait pu ressembler à ceci : « Oh non, les gens vont regarder mes énormes cuisses qui se frottent quand je marche. » Mais, grâce à ma grâce, je me disais plutôt : « Vous me trouvez belle, n'est-ce pas, avec cette ondulante chevelure de feu? Je le vois dans vos yeux que vous me trouvez *hot*...»

Je ne saurai jamais d'où me vient cette confiance en moi hors du commun... Pour être bien franche, je n'ai pas trop cherché, je suis juste bien heureuse de l'avoir reçue en cadeau.

Le passage au secondaire s'est très bien déroulé. J'avais encore mes «flips» chanceux! Je n'étais pas très studieuse, mais je pouvais compter sur ma mémoire, qui m'a sauvé la vie à plus d'une reprise. Et j'étais drôle.

Très drôle.

Drôle et grosse.

J'ai vite pris conscience qu'être drôle me donnait un petit pouvoir, ma foi, très satisfaisant... Nul besoin de donner des coups dans les parties intimes de qui que ce soit, mon sens de la repartie faisait le travail. De toute façon, je n'aurais pas pu supporter un autre poème d'excuses. Les roses, pour moi, c'était terminé.

L'impro, le théâtre, l'écriture, les arts plastiques, j'aimais tout ce qui touchait à la création.

Je vivais toutefois un léger décalage : j'excellais en français, mais j'étais nulle en mathématiques. Pendant que mes amis vomissaient de nervosité le matin d'un exposé oral, moi, je jubilais à l'idée d'aller raconter une histoire devant ma classe de français enrichi. Par contre, lorsque Roméo, mon gentil professeur de mathématiques allégées, nous parlait d'algèbre, c'est moi qui avais des haut-le-cœur.

Encore aujourd'hui, j'éprouve plus de plaisir à donner une conférence devant deux cents personnes qu'à calculer mes factures pour mes impôts…

À chacun ses forces!

Mes cinq années de secondaire terminées, il ne me restait plus qu'à vivre le traditionnel bal des finissants pour clore le dossier de l'adolescence.

Le bal des finissants, pierre angulaire, rite de passage du monde prépubère au monde adulte…

Toutes ces heures passées à chercher LA robe sur la Plaza Saint-Hubert, à consulter des magazines pour trouver LA coiffure qui s'agencerait à LA robe, LA manucure, LA sacoche, LA paire de chaussures. Je parle ici pour mes amies, parce que pour moi, jeune boulotte finissante, les options étaient plutôt limitées. Soit j'achetais ma robe du côté *Madame* chez Zellers, soit je la fabriquais moi-même.

Je venais de voir *Pretty in Pink* et j'avais été terriblement déçue de voir à la toute fin du film la robe que l'actrice Molly Ringwald s'était confectionnée pour son bal des finissants, alors je n'ai pas tenté de la faire moi-même. C'est donc au rayon *Madame* de chez Zellers que j'ai trouvé la plus-moins-pire robe.

J'aimerais tellement qu'une photo apparaisse devant vos yeux, là, maintenant, mais une description devra faire l'affaire. Comment dire? J'avais déniché une robe mi-mollet à grosses fleurs noires et blanches, avec un col ras du cou. Presque belle.

Pour la coiffure, j'imaginais un beau chignon avec quelques mèches lisses caressant mon doux visage... La réalité fut tout autre : il pleuvait à verse, l'humidité avait rendu mon cheveu fou, voire indomptable, et j'avais l'air d'un caniche qui sentait beaucoup le *spray net* ! Ah, j'oubliais, un caniche avec une fleur blanche dans les cheveux et un bas nylon miel doré. Un agencement à faire peur : gants blancs, souliers blancs, sac à main blanc, fleur blanche dans les cheveux. Voyez-vous le portrait ?

Quand je regarde cette photo, je ne peux m'empêcher de rire parce que j'ai vraiment l'air d'une adolescente de cinquante-quatre ans ! D'où l'expression « Le plus beau reste à venir », je suppose...

Non, je le confirme.

Côté études supérieures, c'est l'École nationale de l'humour qui m'a fait de l'œil.

Puis, fraîchement diplômée, j'ai donné des spectacles dans les bars, les restaurants, les résidences pour personnes âgées. Une étape nécessaire au dire des humoristes d'expérience, mais pour moi très exigeante. Ah, le charme pittoresque de se changer dans une cuisine, de se maquiller en se regardant dans une bouilloire et d'aller faire vingt minutes de blagues devant une trentaine de personnes dont la moitié crie « On veut voir Lise Dion ! » ou « À poil, la grosse ! »... Pénible.

Je retiens, entre autres, cette fois où je jouais dans une brasserie de la Rive-Nord et où, pendant que je m'exécutais sur scène à un bras de distance des spectateurs, j'ai compris que c'était une soirée « Crabe à volonté ». Je peux vous dire qu'après quinze minutes sur scène j'étais imprégnée de jus de crabe : les convives avaient nettement plus de plaisir à charcuter leurs pinces qu'à écouter une humoriste en devenir. Et moi, jetée en pâture aux amateurs de morceaux de crustacés juteux... J'aurais dû me réjouir, j'adore le crabe, et mon arrière-grand-père maternel est natif des Îles-de-la-Madeleine, mais mes blagues passaient dans le beurre... Le beurre à l'ail.

Il y a aussi eu cette fois où, pendant un congrès d'un parti politique bien connu, un homme fortement intoxiqué par l'alcool est monté sur scène pour faire un duo avec moi. Sa première réplique : « À poil ! » Pas de poème ni de roses, mais la honte quand même.

C'est finalement dans le village gai de Montréal que j'ai trouvé mon public. Quel bonheur que de me déguiser en Madonna ou en Céline Dion et de faire la *split* devant une foule en délire ! La *split*, c'est un talent naturel chez moi ; je ne me force pas, je la réussis depuis toujours.

Pendant toutes ces années, je faisais l'humour au moins trois fois par semaine ; je gagnais ma vie modestement, mais j'aimais mon métier.

Et moi, est-ce que quelqu'un m'aimait ?

D'amour, non. Pas d'amoureux. Pas de prétendant. Pas de prétendu.

Côté cœur, c'était côté jardin. Mais un jardin l'hiver.

Il y a bien eu quelques garçons, mais quand on embrasse pour la première fois à dix-huit ans et qu'on perd sa virginité à vingt et un ans, on ne peut sûrement pas s'autoproclamer prix Nobel de la séduction.

J'avais pourtant tous les atouts pour être une amoureuse fantastique : drôle, jolie, intelligente, créative, débrouillarde, avec une bonne hygiène corporelle et une sexualité flambant neuve.

Mais soyons francs : qui voudrait d'une comique qui sent le crabe ?

3
En... quoi ? Enceinte !

Attachez vos tuques : mon karma sentimental est sur le point de faire un virage à 360 degrés dans la spirale de l'amour !

L'année de mes trente et un ans a été, disons, pour le moins étonnante.

Une colocation parfaite s'était établie entre mon chat, mon célibat et moi. Je travaillais dans une boîte d'événements spéciaux, je mangeais du St-Hubert tous les jeudis soir en regardant la télé et je m'adonnais à l'occasion à mon beau métier de la scène.

Un jour, pendant que je donnais un spectacle dans un festival d'humour bien connu, j'ai remarqué un jeune homme qui filmait ma prestation. Discret, tout de beige vêtu et le visage orné d'une grosse paire de lunettes en écailles, il avait l'air d'un gars franc. Pour moi, un gars qui se fout de la mode sans savoir qu'il se fout de la mode est indéniablement intéressant...

Trois mois plus tard, nous partions vivre ensemble au Nunavut. Évidemment, il y avait eu entre-temps ce premier rendez-vous, ce premier baiser, ce premier achat de billets d'avion pour le Grand Nord canadien. L'amour donne des ailes, et j'étais excitée comme une puce d'avoir la chance de vivre cette histoire.

S'exiler en amoureux si loin nous a valu les félicitations de nos amis, mais aussi une gigantesque crise de ma belle-mère, persuadée que je lui volais sa progéniture. Elle avait raison. Et puis je n'étais pas la ballerine qu'elle avait tant espérée pour son unique et si précieux fils. Difficile pour elle d'avaler le gros morceau, en l'occurrence, moi.

Mais bon, à la date prévue, l'avion décollait avec à son bord une comique bien en chair et un intellectuel beige. Je le surnomme affectueusement ainsi parce qu'il s'habille en beige. Tout le temps !

À Iqaluit, l'intellectuel beige et moi étions à la barre d'une émission de radio du matin destinée à la communauté francophone du Nunavut.

Tous les jours, aux aurores, nous partions *mitaine dans la mitaine* pour aller divertir et informer les francophones du bout du monde. Sans oublier de donner avec exactitude les détails de la météo parce que, au Nunavut, un blizzard est vite arrivé. Je n'ai jamais été aussi stressée à l'idée de me tromper en ondes…

Bien sûr, il a fallu encaisser le choc du moins 43 degrés à notre arrivée, mais cette aventure en bottes Sorel nous plaisait à tous les deux. Les choses allaient rondement. En un mois, nous avions chassé le caribou, roulé en motoneige dans la toundra, mangé de la chair de baleine et fait l'amour cent cinquante-trois fois.

Les activités extérieures se faisaient plutôt rares par temps de blizzard et de grand froid, et comme je ne suis pas une grande chasseuse…

Désormais, nous avions des amis du Nord, des centaines d'auditeurs du Nord, une vie du Nord. Nous faisions nos courses au Northmart, une grande surface immense où on peut se procurer des chaussettes, un sèche-linge ou trois tomates pour 15 dollars.

Une autre réalité, à un autre rythme.

Cinq mille habitants, un cinéma, une seule route et quarante-neuf taxis.

À Iqaluit, tout le monde prend le taxi. Quand tu t'assois dans le taxi à tarif unique, tu ne sais jamais avec qui tu vas faire le trajet : tantôt une famille inuite, tantôt un Canadien anglais qui s'en va manger des ailes de poulet au restaurant portugais – oui, un restaurant portugais tenu par de vrais Portugais –, tantôt une vieille dame inuite qui se promène avec une tête de caribou sur les genoux.

L'intellectuel beige et sa belle otarie, heureux, sur le toit du monde…

Puis, un jour, je me suis inquiétée. Je traînais depuis trois semaines ce qui ressemblait à un simple malaise gastrique. Sûrement la chair de baleine que j'avais mangée ; difficile à digérer pour nous, gens du Sud. Manger de la baleine, c'est comme manger dix livres de bacon cru, mais en plus gras.

Voyant mon inconfort, mon homme en beige m'a conseillé d'aller faire un tour à l'Hôpital de Baffin, un centre hospitalier ultramoderne en plein milieu de nulle part. Malgré ma peur des hôpitaux, cliniques, dentistes et autres endroits où le sang coule à flots et où les murs sont vert pâle, je me suis rendue à l'hôpital.

À la réception, une dame inuite assise en indien… euh, en inuit, m'a accueillie avec un gentil « *Ullaakkut !* », bonjour en inuktitut. À peine le temps de m'asseoir dans la salle d'attente et d'ouvrir un magazine *Canadian Living* que le médecin venait me chercher pour mon examen. (Dommage, cette recette de soupe à la citrouille et gingembre avait l'air excellente…) Je devais être pâle comme les murs, et j'avais les mains et les pieds moites (vous ai-je dit que je n'aime pas les hôpitaux ?).

Première question du médecin : « Êtes-vous enceinte, madame Guay ? » Et moi de rire aux éclats : « Comment pourrais-je être enceinte ? Je prends ma pilule tous les soirs avant de me brosser les dents, docteur. Et comme j'ai peur du dentiste autant que de vous, mon hygiène buccale est impeccable. »

Au tour du médecin de rire : « Vous savez, madame Guay, quand on habite près du cercle polaire, il se peut que les médicaments n'aient pas le même effet. » Bouche bée, j'ai rempli d'urine le petit contenant en plastique. C'était sûrement une blague. Elle avait dû entendre à la radio que j'étais humoriste et voulait me montrer ses talents de comique…

Ce n'était pas une blague.

J'étais enceinte.

Moi.

J'ai vu ma vie défiler devant mes yeux. J'avais la tête qui tournait autour du cercle polaire et je luttais contre la nausée. Je m'imaginais déjà les jambes ouvertes, en train de pousser, et je voulais perdre connaissance. Je ne suis pas faite forte. J'ai peur de tout et, là, j'avais peur du cercle polaire. Légende ou non, je ne le saurai jamais. Tout ce que je savais, c'est que des cellules se multipliaient déjà dans mon corps et qu'elles ne m'avaient pas demandé la permission, les coquines.

Comment pourrais-je devenir un parent, moi qui avais fait piquer mon chat pour une toute petite, une minuscule pierre au rein?

Moi qui habitais dans un sac à dos.

Moi qui gagnais ma vie à grands coups de petits contrats.

Moi qui ne voulais pas d'enfant, jamais, jamais.

Moi qui étais… égoïste.

En mettant le pied dans notre petit appartement en face de l'océan où mon intellectuel beige m'attendait en tranchant de l'omble de l'Arctique fumé – un délicieux poisson à chair grasse que les Inuits font sécher sur des cordes à l'extérieur –, je me suis mise à pleurer comme une Madeleine dans son *Canada Goose*. Dans des mots quasi compréhensibles, je lui ai dit: «Ahhh, euwww, je ahhhh suis euwwwww enceinte.»

Tout ce qu'il a trouvé à me répondre, c'est: «On est capables de faire ça, Guylaine.»

Je n'ai plus jamais douté. Presque plus.

4

J'AI FAIT UN RÊVE

À Iqaluit, une nuit où le blizzard se battait avec la couverture de neige dehors, moi, je me battais avec la mienne et je faisais un *blizzard* de rêve.

J'étais alors enceinte de douze semaines (quand on porte un enfant, on parle en «semaines»; le mot «mois», ni «moi» d'ailleurs, n'existe plus. Le «nous» fait doucement son apparition, aussi doucement que le ventre s'arrondit). Je mettrai toute la faute de ce rêve complètement absurde sur le dos des hormones et du poulet frit que j'avais mangé avant d'aller au lit ce soir-là.

J'étais au ciel et je buvais une tasse de thé vert (impensable, je n'aime pas le thé vert). Mon grand-père Léo, décédé depuis plus de trente ans, se joignait à moi et me demandait:

«As-tu peur?

— Oui.

— Tu vois toutes les âmes qui font la file là-bas?

— Oui, je vois, grand-papa. (C'était la première fois que je voyais des âmes.)

— Ce sont les âmes des enfants qui font la file pour que tu deviennes leur mère.»

J'étais bouche et bedon bée.

Ce matin-là, le blizzard s'était calmé, mes angoisses aussi.

Et mon premier fils s'appelle Léo, comme mon grand-père.

Sachant que j'allais devenir mère, j'avais envie d'être près de la mienne pour le grand jour, pour l'accouchement. Nous avons fait nos valises et nos adieux aux amis du Nord et, comme des oiseaux, l'intellectuel beige, Léo et moi avons regagné le Sud.

À Montréal, mes parents étaient heureux, nous étions heureux, même ma belle-mère était presque heureuse ; c'est fou ce qu'un bébé à naître peut faire oublier. Un bébé trait d'union, ce Léo.

Le 12 janvier 2001, mon Léo a décidé qu'il était temps de me faire vivre l'accouchement.

Que j'ai souffert ! Durant soixante-dix-huit heures, très précisément.

Je suis une comique bricoleuse. Je m'étais donc confectionné pour mon entrée à l'hôpital un chandail maison où il était écrit : « Je veux l'épidurale tout de suite ! » Je me trouvais drôle… jusqu'à ma première contraction. Et, là, plus rien n'était drôle. Du tout. On m'a « provoquée », comme on dit dans le jargon médical. On a introduit en moi une féroce hormone pas patiente qui veut que le travail commence tout de suite. Très efficace : deux minutes après le début de la perfusion, je me tordais de douleur !

Moi qui avais apporté des bougies à la crème brûlée, de la musique douce et un plan de naissance détaillé… Dès la première crampe abdominale, tout a pris le bord !

J'ai vu le soleil se lever deux fois, dix-huit infirmières défiler et deux concierges se relayer avant de me mettre à pousser. L'anesthésiste, cette sorcière, avait raté ma péridurale sous prétexte que j'avais trop de gras dans le dos. Si je n'avais pas souffert autant, je lui en aurais fait une péridurale… dans le visage !

Une heure avant d'accoucher, j'ai agrippé fermement l'infirmière, qui avait été jusque-là hostile et infantilisante, et je lui ai demandé sans « s'il vous plaît » ni « merci » de me donner de la drogue. De la bonne drogue. Entre deux contractions, j'ai pu enfin respirer un peu.

Puis, j'ai senti cette urgence de pousser… Pour celles d'entre vous qui n'ont jamais accouché, c'est comme vomir, mais par le bas.

Je voyais pour la première fois le médecin qui venait de se présenter entre mes jambes. Une brève salutation, puis une poussée, deux poussées, trois poussées. Je n'avais rien mangé ni bu depuis presque trois jours et j'étais là, redoublant d'ardeur pour expulser ce bébé que je connaissais seulement de l'intérieur.

Ma mère a assisté à mon accouchement à la seule condition qu'elle se fasse discrète. Elle a été discrète, et moi aussi.

Contrairement à tout ce que j'avais vu dans les films où les filles hurlent de toutes leurs entrailles, moi, j'ai poussé en silence. Merci à mes cours d'aquaforme qui m'avaient donné des abdominaux en béton : six poussées et il arrivait, mon Léo.

Une réplique exacte de son père : des petits yeux en amande, une grosse bouche très rouge, des cheveux blonds et un menton pointu. Avec une telle ressemblance, j'étais certaine qu'il allait s'habiller en beige et apprendre le russe en autodidacte.

Mon Léo.

« Qu'on m'apporte deux *cheeseburgers all dressed*, une rondelle d'oignon et une racinette bien froide ! J'ai survécu ! »

J'avais accouché. Moi, si peureuse. Moi qui perds connaissance avant une prise de sang. J'avais accouché, moi. Comme une guerrière, comme une amazone. Comme une maman.

Pendant qu'en bas on s'affairait à recoudre les dommages collatéraux, en haut je faisais connaissance avec mon bénéfice blond.

Finies les douleurs.

Je n'avais d'yeux et de cœur que pour cette petite âme qui avait fait la file pour que je sois sa maman.

J'avais été choisie, et j'allais honorer ce choix.

Moi.

CLOVIS, MON CLOVIS

L e choc du premier enfant passé, je me suis dit :
« Pourquoi pas un autre ? » Un frère, une sœur
avec qui le premier pourrait s'amuser, tisser des liens
solides et peut-être me laisser quelques minutes
de répit.

Je rêvais, je sais.

Mon corps connaissait le mode d'emploi et, cette
fois, j'allais sûrement accoucher en deux petites
heures, dans des conditions idéales, en écoutant
de la musique douce…

Je rêvais encore.

Bref, je n'y ai vraiment pas pensé trop longtemps : Léo n'avait qu'un an quand je suis tombée
enceinte de mon plus jeune. Papa était d'accord,
c'est tout ce qui comptait, non ?

Je vivais à la fois un post-partum et une grossesse, un mélange hormonal assez violent pour une
fille qui ne voulait pas d'enfant. Avec ma grosse
bedaine de trente semaines, j'allais jouer dans la
neige, le plus vieux dans mes bras et le plus jeune
dans mon ventre. Épuisée.

Des millions de femmes l'ont fait avant moi,
mais, moi, ce n'est pas pareil. C'est moi.

J'ai accouché d'un beau Clovis en santé, le 2 décembre 2002. Léo est né le 12/01/2001 et Clovis le 02/12/2002. Ça fait beaucoup de 2. Chaque fois que je parle à un fonctionnaire, je m'embrouille dans les chiffres, ce qui éveille les soupçons : suis-je vraiment la mère ? Oui, je suis bien la mère, c'est juste mêlant.

Clovis était très laid à sa naissance. Oui, oui, je suis bel et bien sa mère. Il avait de gros boutons sur le visage, les yeux enflés, une ligne de poils noirs dans le dos et les ongles très longs. Un genre de vampire nouveau-né. J'ai même dit à l'infirmière que je ne le voulais pas parce qu'il était trop laid. Je la trouvais assez drôle, ma blague, mais pas elle.

Nous avons décidé de le garder. Nous lui avons coupé les ongles, nous l'avons bien lavé et nous avons accepté sa grosse ligne de poils noirs dans le dos. L'amour, ça bouge des montagnes et ça fait oublier le poil.

Un enfant merveilleux, notre petit vampire. Gros dormeur, gros mangeur, toujours le sourire. J'avais bien fait de fabriquer un frère. Je l'aimais tellement, ce petit bébé tout calme, tout serein, tout mien.

Je découvrais mon cœur-élastique. Celui qui distille de l'amour. Quelle euphorie que de devenir une multiplicatrice de caresses ! Et puis, ils sentent si bon, ces bébés. Une manigance céleste que cet hameçon olfactif pour qu'on les aime encore plus. Et ça marche.

Complètement épuisée d'avoir mis au monde deux êtres humains, mais complètement amoureuse d'eux.

Le seul hic, vous serez d'accord, c'est que huit points de suture là où l'amour passe, ça change la donne dans une vie de couple. Chapeau à celles qui réussissent à être des mères attentionnées et des amantes brûlantes ; pour moi, la flamme s'éteignait à 19 h 45 entre deux bouchées de Pablum.

Il faut beaucoup d'amour pour comprendre que notre amour n'a pas envie de faire l'amour. Mon intellectuel beige me disait des mots rassurants, mais, moi, je dormais déjà.

JE TE QUITTE… UN PEU

Deux grossesses, deux accouchements et deux post-partum ont eu raison de mon couple. Après trois ans de vie commune, de tous les désirs, c'était celui de me séparer qui me titillait le plus.

Le beige n'était plus dans ma palette.

J'avoue, j'ai vivement manqué de persévérance. Avec plus de dix ans de recul, je me rends compte à quel point je me sentais coincée, à quel point toutes ces nouvelles responsabilités familiales et ce flot d'hormones m'avaient déstabilisée.

Je n'étais pas fière de moi, mais j'étouffais. Je manquais d'air, je manquais d'ailes.

Et pour ajouter à la grisaille de l'affaire, disons que les contrats n'affluaient pas. Qui veut voir à la télé une comique cernée, habillée en mou et qui sue son restant de grossesse ?

Mon pauvre intellectuel beige avait beau tenter de me rassurer, rien n'y faisait. Deux post-partum, je vous le dis, c'est plus fort que la police.

Nous habitions un grand appartement du quartier Hochelaga-Maisonneuve, très beau avec toutes ses boiseries, mais si sombre que j'en suis venue à l'accuser de ma tristesse. Mon instinct me criait à tue-tête : « De la lumière, il faut de la lumière ! »

Étais-je encore amoureuse ? Je ne sais pas. La peur, comme une pieuvre géante, avait pris le contrôle de mon cœur. Peur du futur, peur de manquer d'argent, peur de ne plus jamais travailler, peur d'être seule, mais aussi d'être en couple, peur tentaculaire, peur spectaculaire, mais dont je n'aimais pas le spectacle.

J'avais la douloureuse impression de m'éteindre, et pas si doucement que ça.

L'intellectuel beige, jusque-là si bon avec moi, continuait de l'être. Sincèrement, il n'a rien fait de mal, à part être beige, peut-être.

Ma décision était prise : j'allais quitter le nid familial avec ses boiseries pour m'en construire un plus petit et plus lumineux. Pas de travail, pas de meubles et deux bébés dans le baluchon, je me suis trouvé un petit logis tout près de chez mes parents. Oui, des parents, c'est rassurant quand on n'a pas de meubles, pas de travail et deux bébés dans le baluchon.

J'ai quitté l'appartement sombre pour une nouvelle vie, celle de mère de famille monoparentale.

L'ai-je regretté ? Sur le coup, non. Le lendemain, oui. Léo avait deux ans et demi, et Clovis, sept mois. Mon Dieu, j'étais folle ou quoi ? Oui, Guylaine, tu étais folle. Je le sais, j'étais là.

Mon père est venu repeindre le nouveau nid ; ma mère a fait les brocantes avec moi pour trouver des meubles, parce que recommencer à zéro avec deux enfants, ce n'est pas comme recommencer à zéro toute seule.

Un tout petit quatre et demi sur une rue tranquille du nord-ouest de Montréal. Une grande porte-fenêtre. Une toute petite salle de bain. Une chambre que les enfants allaient partager ; j'avais dessiné une route sur les murs et j'y avais collé des petites automobiles avec mon fusil à colle chaude. Mine de rien, je commençais à revivre. La pieuvre de la peur était toujours là, mais je la trouvais moins laide, moins menaçante.

Je me souviens de ma première soirée dans ce nouvel appartement, devenu beau grâce à mon imagination, à mon fusil à colle et aux bons soins de mes parents. Assise dans le salon, qui était aussi l'entrée, je regardais mes enfants jouer et j'étais paisible, du moins, un peu plus paisible. Jusqu'à ce que le vent glacial de novembre passe sous la porte et me glace jusqu'au cœur. Je me suis sentie si seule… Seule, sans travail, avec quelques meubles et deux enfants dans une nouvelle chambre avec des autos collées sur le mur à la colle chaude.

J'ai appelé mon intellectuel beige ; il me manquait, subitement. Nous avons parlé une heure. Je me trouvais bien chanceuse de l'avoir et un peu stupide d'être partie. Pour la première fois après le tourbillon des dernières semaines, je me suis arrêtée pour réfléchir, pour sentir les choses, pour me rendre compte que la pieuvre m'avait rendue imprévisible et impulsive. Mais c'était fait. Je me suis permis de pleurer un bon coup et d'avoir froid jusqu'à en grelotter. Je me disais que ça irait mieux le lendemain.

Je me trompais.

Pour une nouvelle vie, c'en était une. Je devais demander à ma mère de venir faire les courses avec moi parce que… ah oui, je n'avais pas de permis de conduire. Pour le travail, pas de chance, la télé ne voulait pas de moi. C'est comme ça, la télé, parfois tu travailles beaucoup, le reste du temps, tu ne travailles pas du tout.

Par un beau matin de novembre, où il faisait aussi froid à l'intérieur qu'à l'extérieur de chez moi, j'ai laissé les enfants sous la surveillance de mon père – ma gardienne depuis toujours –, je lui ai emprunté 5 dollars pour prendre l'autobus, j'ai caché mon orgueil dans la petite poche intérieure de mon manteau et je suis allée au bureau de la Solidarité sociale. Au B. S.

Bien sûr, il existe des horreurs bien plus grandes de par le monde, mais ce matin-là, cette horreur était la mienne. Pouvais-je me déguiser pour faire une demande ? Une perruque, des grosses lunettes, une casquette, un imperméable géant pour cacher toute la tristesse qui m'habillait ?

En arrivant au B. S., j'ai pris un petit papier comme quand on veut acheter du jambon à la charcuterie et je me suis assise parmi tous ces gens qui avaient aussi froid que moi. Ma pieuvre s'agitait dans tous les sens. C'était l'inconnu, j'avais peur.

On a appelé mon numéro, je suis entrée dans un bureau et, ô malheur, je connaissais cette personne à qui je venais quémander de quoi survivre. Elle m'a saluée chaleureusement en me lançant, un peu à la blague : « Qu'est-ce que tu fais ici ? »

En effet, qu'est-ce que je faisais là ? Moi, si intelligente, si pleine de vie, d'imagination et de potentiel, moi qui avais déjà fait de la télé ? «Je viens de me séparer, je n'ai pas de contrats et j'ai deux enfants en bas âge, voilà pourquoi je suis ici.» Le ton n'était plus à la blague. Elle m'a rassurée : je n'allais certainement pas vivre de l'aide sociale bien longtemps. J'ai souri, je le croyais aussi.

Je suis sortie de ces locaux complètement épuisée, comme si je venais de faire une course contre la honte. Assistée sociale était mon nouveau titre.

Mais pas pour longtemps, la fille me l'avait dit.

Comme les malheurs arrivent toujours en équipe, cet appartement m'apportait régulièrement sa «surprise du jour».

Il faisait si froid dans notre nid que mes petits poussins dormaient avec moi. Un mal pour deux biens : je me sentais tellement mieux collée sur leur douceur. Tous les matins d'hiver, je me réveillais tôt pour aller enlever la couche de glace sur la porte d'entrée à l'intérieur de la maison. J'ai l'air d'exagérer, mais non, pas du tout.

Mon propriétaire, un jeune homme – ou plutôt un fantôme – du Mile-End, se pointait seulement pour venir chercher sa part de mon chèque de B. S. Complètement insensible à nos nez gelés et à nos pieds frigorifiés. Un fantôme sans cœur. Quelle tristesse de ne pouvoir utiliser l'expression «Dans la chaleur de son foyer» quand on parle de chez soi !

Une chose a pourtant fait réagir le fantôme du Mile-End. Un jour, je l'ai appelé pour lui signaler une odeur nauséabonde dans la chambre des enfants. «C'est sûrement une couche oubliée sous le lit!» m'a-t-il répondu. Sous-titre: «Vous savez comment vous n'êtes pas propres, vous autres, les B. S.»

Après enquête et inspection, un expert en vermines fiable a conclu qu'il y avait des rats dans la cave. Et vlan dans tes dents ultra-trop-blanches, monsieur le fantôme du Mile-End! À cette répugnante annonce, mon petit hamster s'est mis à penser à tout ce qu'un rat pouvait faire à mes enfants…

Ma nouvelle liberté commençait à ressembler à un paquebot infesté de rongeurs en train de couler. Maintenant, je dormais avec ma tuque, mes bas de laine, mes bébés et la certitude que nous allions nous faire arracher le visage. Le rêve, quoi! Cauchemar…

Vous trouvez mon récit rocambolesque? Attendez, je ne vous ai pas encore parlé de mon voisin d'en haut. Un monsieur haïtien d'une cinquantaine d'années, poli et propriétaire d'une vieille Mercedes grise. Jusque-là, tout va bien. Sauf que tous les mercredis soir et tous les dimanches soir, une cinquantaine de personnes se donnaient rendez-vous dans son appartement. Oui, juste au-dessus de ma tête. Je ne connaissais pas la nature exacte de leurs rencontres, mais j'entendais des cris, des pleurs et des choses qu'on lançait sur les murs. Trois heures plus tard, tout le monde quittait les lieux. Insupportable. Point. Des rats en dessous, un troupeau au-dessus, une pieuvre en dedans. Ma vie n'était rien d'autre qu'un film. Un film dans un zoo.

«Allô, monsieur le fantôme du Mile-End, j'ai des problèmes avec le voisin d'en haut : il fait des cérémonies gothico-religieuses très bruyantes deux fois par semaine. Qu'allez-vous faire, exactement ?

— Je vais m'en occuper, madame Guay.» Sous-titre : «Ah, les maudits B. S., toujours en train de se plaindre !»

Au moins trois fois par semaine, je parlais au téléphone avec l'intellectuel beige, qui me demandait des détails de notre trépidante saga. Et on riait un bon coup. On n'avait pas réussi notre vie de couple, mais on s'inventait une vie de famille pas comme les autres.

Les enfants allaient voir leur papa toutes les fins de semaine. Si mon voisin vaudou décidait de n'exorciser personne ces soirs-là, je pouvais me reposer un peu.

Quelques mois plus tard, mon vaudou-du-dessus a dû quitter l'appartement sous les menaces du propriétaire, et j'ai eu un nouveau voisin, très gentil celui-là. Calme, menant une vie rangée, mon nouveau voisin n'était nul autre que mon intellectuel beige. Imaginez comme ça simplifiait les choses d'avoir papa juste là, au deuxième étage. Un baume sur mon petit cœur un peu ébranlé par les derniers mois.

Je n'étais plus amoureuse de lui, c'était certain, mais l'amitié entre nous restait solide. Et nous étions les parents des mêmes enfants. Quand même, ce n'est pas rien.

L'intellectuel beige était plus frileux que moi. Après avoir gelé pendant presque un an dans son appartement au-dessus du mien, il m'a demandé si nous ne pourrions pas trouver un appartement chaud et confortable, et y habiter en colocation avec les enfants.

Moi : « Ouiiiiiiiiiiiiiiiiiii ! » Sous-titre : « Ah, oui ! Je n'en peux plus des rats, du froid, du B. S… Et puis je veux un bain, un grand bain, et un foyer, tant qu'à y être. »

Mes vœux ont été exaucés. Après l'inconfort, les courants d'air, le voisin fou, la honte et les pâtes au jus de tomates, nous sommes partis habiter une belle maison louée dans l'Ouest-de-l'Île de Montréal. Papa, maman, Léo et Clovis. Une famille ni décomposée ni recomposée, juste enfin posée.

Plus la moindre flamme entre l'intellectuel beige et moi, mais les enfants n'y voyaient que du feu. Trop petits encore pour qu'on leur explique l'entente visionnaire de leurs parents un brin marginaux.

La relation entre l'intellectuel beige et moi-même était strictement une relation de confort. Non, pas de sexe entre nous. (Avouez que vous pensiez exactement à ça…) Privez une femme de quiétude pendant plus d'un an, et elle sera prête à bien des concessions pour un bain chaud, j'en sais quelque chose.

Seul hic : il fallait expliquer à Revenu Canada et à Revenu Québec que nous n'étions plus un couple, même si nous vivions sous le même toit avec nos enfants. Disons que les nouveaux modèles de familles modernes n'avaient pas encore fait leur apparition ! Mais ne plus entendre de vilains rats gratter dans les murs avant de s'endormir valait bien quelques conversations épineuses avec un fonctionnaire psychorigide.

Pourtant, avec ce que l'avenir nous réservait, je ne savais même pas encore à quel point j'étais heureuse de ne plus être seule.

L'avenir, c'était quelques mois plus tard. La pieuvre ne dort jamais longtemps.

7

Dites-moi, docteur

Même si j'étais mère depuis quelques années déjà, il m'arrivait de me réveiller en sursaut aux aurores et de me dire : « Ah oui, c'est vrai, j'ai des enfants ! »

Je prenais un café (ou douze) et tout rentrait dans l'ordre.

Chaque matin, deux enfants bouclés m'attendaient pour que je leur verse du lait et que je leur fasse des rôties au chocolat. Elles sont assez bonnes, d'ailleurs, mes rôties au chocolat : pas trop cuites et pas de croûtes. Bon, c'est un peu embarrassant, parce que je pourrais nourrir un continent avec nos croûtes non mangées. J'en fais de la chapelure, mais on se lasse des croquettes de poulet à la panure de rôties.

Sans attentes, les journées passaient et ne se ressemblaient pas.

Ils étaient beaux, mes poussins, mais très différents l'un de l'autre : un blond et un brun avec une ligne de poils dans le dos. Signe très distinctif à la piscine… Malgré leur âge rapproché, ils ne jouaient jamais ensemble. Ils restaient dans leurs bulles respectives, rien d'alarmant pour l'instant. À deux ans et trois ans, ni l'un ni l'autre ne parlaient. Bien sûr, ils émettaient des sons que leur père et moi arrivions à comprendre, mais vous imaginez bien que ce lexique de base ne suffisait plus quand une gardienne venait nous soulager de nos fonctions pour une soirée.

Mon pédiatre ne voyait rien d'anormal à mes deux petites bêtes : un peu lents côté langage, peut-être, mais en santé. Pourquoi me serais-je inquiétée ? N'étais-je pas moi-même une originale qui gagnait sa vie en étant... originale ? Et papa beige, lui ? Un mathématicien autodidacte, expert en informatique, mais sous-doué en relations humaines, qui parlait le russe et enseignait les arts martiaux russes, ce n'était pas un peu marginal, ça aussi ? Les pommes bizarres n'étaient pas tombées bien loin des pommiers bizarres.

Divers comportements que je trouvais plutôt mignons se sont ajoutés peu à peu à notre quotidien.

Mon Clovis, enfant tendre, marchait sur la pointe des pieds. Bonne nouvelle, il pourrait devenir la ballerine que je n'ai jamais été pour ma belle-mère ! Il alignait tout : ses jouets, ses souliers, ses camions, ses croquettes à la chapelure de rôties, tout. Charmant et toujours ordonné. Il se livrait aussi à un rituel un peu tribal consistant à secouer vigoureusement ses mains de bas en haut lorsqu'il regardait des dessins animés. J'imaginais qu'il était bien dans son corps et vastement expressif, sans plus.

Mon Léo, enfant volcanique, aimait beaucoup, beaucoup, beaucoup Bob l'éponge, et exprimait ses joies et ses colères avec la même intensité théâtrale que lui. Du grand Léo.

Je m'étais habituée à leur personnalité, je ne les comparais pas. De toute façon, avec qui aurais-je pu les comparer ? Je n'avais jamais eu d'enfants avant eux.

Un lundi matin, ma mère m'a appelée avec ce qui ressemblait à un trémolo dans sa voix. Bon, que se passait-il ? Mon père était mort ? Elle était malade ? Elle avait raté sa sauce à spaghettis ? Ma sœur avait eu un accident ? Le chat de mon père s'était fait écraser ? Rien de tout ça. Ma mère venait de voir une comédienne bien connue parler à la télévision de son fils autiste, un fils qui marchait sur la pointe des pieds, qui alignait tout, même ses croquettes de poulet, et qui faisait beaucoup de *flapping*, ce comportement d'un enfant qui agite ses mains de haut en bas en guise d'autostimulation.

Autiste. Autostimulation. *Flapping*. Comédienne connue. Autant de mots qui me donnaient le vertige. J'ai raccroché, et c'était moi maintenant qui avais un trémolo dans la voix.

Mon père n'était pas mort, ma mère n'était pas malade, ma sœur n'avait pas eu d'accident, le chat de mon père ne s'était pas fait écraser, mais le mot « autiste » venait de faire une entrée fulgurante dans mon grand tiroir à inquiétudes.

Je me suis précipitée sur l'ordinateur : autisme. Toutes les caractéristiques, toutes, je les reconnaissais. J'ai énormément lu sur l'autisme ce jour-là, presque autant que j'ai pleuré.

Mon bon pédiatre nous a mis sur une liste d'attente pour une évaluation pédopsychiatrique. Avec les mois qui s'écoulaient, j'ai compris qu'il s'agissait d'une longue, très longue liste d'attente. Un an, plus précisément. Une année comme je n'en avais jamais vécu : attendre quelque chose qu'on ne connaît pas, mais qui va changer notre vie, est une situation très déstabilisante. J'en ai profité pour examiner mon fils sous toutes ses coutures, pour observer comment il mangeait, sautait, marchait, bricolait, vivait. Je ne le trouvais que plus beau, plus attachant. Mais qu'elle était inhumaine, cette attente aux millions de points d'interrogation.

Plus le temps passait, plus je lisais tout ce qui s'écrivait sur les troubles autistiques, plus je me faisais à l'idée que Clovis était autiste. Je n'allais pas l'aimer moins, c'était certain.

Puis, un jour, un appel de l'hôpital : on allait enfin nous recevoir pour une évaluation. Alléluia ! Clovis, son père et moi avons passé quelques heures ensemble dans un local avec des jouets, des livres et de la musique pendant que, derrière une vitre, quelques spécialistes nous observaient et prenaient des notes. La pédopsychiatre nous avait demandé d'interagir avec Clovis comme si elle et ses collègues n'étaient pas là. Nous avons joué avec notre fils, nous lui avons chanté des chansons, nous l'avons bercé. Après deux heures dans cet « aquarium d'évaluation », on nous a dit d'aller dîner et de revenir quelques heures plus tard pour le diagnostic. Ce que nous avons fait.

Je n'ai pas beaucoup mangé, ce midi-là. La boule dans mon estomac prenait déjà toute la place.

Même si je me doutais des résultats de cette évaluation, une toute petite partie de moi espérait encore que j'avais tout faux. Puis, à 14 h 45, un diagnostic. Après une année de questionnement, des réponses, enfin.

Touchant de voir cette pédopsychiatre de Sainte-Justine prendre des pincettes pour nous annoncer le verdict : « Madame Guay, monsieur Beige, nous avons bien observé Clovis. C'est un enfant enjoué, aimant, qui présente beaucoup de caractéristiques atypiques. D'après notre grille d'évaluation comportementale, votre fils est autiste. On parle d'un trouble du spectre autistique quand trois sphères du développement sont touchées : des interactions sociales difficiles, des troubles de la communication ainsi que des activités et des intérêts répétitifs et stéréotypés, comme marcher sur la pointe des pieds, mettre les objets en ligne ou faire une fixation sur un jouet. Nous avons quelques formulaires à vous faire remplir. Je vous souhaite une bonne fin de journée. »

Bien franchement, elle aurait pu aussi me dire qu'il était albinos, daltonien, imberbe ou je ne sais quoi, les mots n'avaient plus d'importance. Mon espoir de normalité s'était transformé en immense soulagement. Savoir, enfin. Après une longue année de contractions au niveau du plexus solaire, j'accouchais enfin d'un diagnostic. Moi si peureuse.

Et je me suis rappelé cette journée chaude d'été au camp Bruchési où je m'étais dit en voyant un groupe d'adolescents autistes très bruyants : « Ça doit être épouvantable d'avoir des enfants comme ça!» J'étais maintenant moi-même propriétaire à temps plein d'un enfant différent.

J'ai croisé une collègue de travail à l'hôpital, ce jour-là. Elle est venue me saluer, sourire aux lèvres : elle venait d'apprendre qu'elle attendait son premier enfant.

« Et toi, pourquoi es-tu ici ?

— Je viens d'apprendre que mon fils est autiste.»

Je revois son regard si heureux s'assombrir en entendant mes mots.

J'étais triste, moi aussi, et j'ai beaucoup pleuré sur le chemin du retour, mais du moins l'incertitude n'allait plus assombrir mon esprit.

Maintenant, je savais, nous savions. Mon Clovis, trois ans, beau comme un cœur, riait dans la voiture ; je me suis retournée et j'ai cru entrevoir dans son clin d'œil qu'il me disait : «Tout va bien aller.»

En appelant au CLSC le lendemain matin, j'ai vite compris qu'il faudrait être autonomes et avoir les reins solides. On nous mettait sur une dizaine de listes d'attente de services et de ressources.

Bienvenue dans le merveilleux monde des familles vivant avec un ou plusieurs enfants handicapés, ma Guylaine !

8

Un vol pour ailleurs, s.v.p.

Je sais, jusqu'à maintenant, vous pensiez que j'étais presque parfaite. Je l'ai pensé moi-même.

C'est ici que le « presque » va prendre tout son sens. Malgré tout mon optimisme et toute ma joie de vivre, à un moment donné, j'ai flanché. Je suis devenue vulnérable. Très vulnérable.

L'annonce du diagnostic de Clovis remontait à un an environ. Clovis avait quatre ans, et Léo, cinq. Nous habitions toujours tous les quatre sous un même toit, Clovis fréquentait la garderie et Léo venait de faire son entrée à la maternelle. En apparence, tout allait pour le mieux, mais quelque chose clochait. La cloche de la différence.

À l'école, Léo avait beaucoup de difficultés à fonctionner en groupe, il faisait souvent de grosses colères et il accusait un grave retard de langage. Deux semaines après son entrée à la maternelle, nous avons été convoqués, son père et moi, à une rencontre avec l'enseignante et la direction de l'école pour discuter des problèmes de comportement de notre fils. Il avait du mal à contenir ses colères, il ne comprenait pas les consignes en classe et il n'arrivait pas à se faire des amis. On nous a dit

qu'une évaluation pédopsychiatrique serait nécessaire pour que l'école puisse donner à Léo les ressources nécessaires pour l'aider à bien évoluer en
milieu scolaire.

J'avais déjà un fils autiste, et maintenant on me
suggérait que mon autre garçon l'était peut-être
aussi. N'y a-t-il pas un quota pour le nombre d'enfants handicapés dans une famille ?

L'idée de passer une autre année ou davan-
tage sur une liste d'attente me donnait de l'ur-
ticaire, et mon glorieux sens de l'humour n'arrivait pas à trouver la moindre faille un peu drôle
dans tout ça.

Autant mon Clovis était une grosse boule
d'amour, docile et douce, autant mon Léo à la cri-
nière de lion était un volcan sur deux pattes, toujours prêt pour une éruption émotive et irrationnelle. Il m'était très difficile de communiquer avec
lui, comme si le lien fort qui d'ordinaire s'éta-
blit organiquement entre une mère et son fils ne
s'était pas encore tissé. Ses rigidités me raidis-
saient, son caractère sanguin faisait monter ma
pression. Il était pourtant si beau, il était pourtant à moi…

Je me souviens d'une visite dans un musée de
Boston où il m'a fait une si grosse, si énorme
turbocrise que j'ai bien failli le laisser là et partir
en courant. Pauvre Léo, qui n'arrivait pas à dire
les choses avec les mots, qui s'exprimait avec la
lave de son volcan. Et moi, le cœur en cendres.
J'aurais tant aimé le prendre dans mes bras et
éteindre son brasier, mais il n'aimait pas qu'on
le touche.

Pour mieux comprendre ce qui arrivait à notre Léo-Volcan, nous l'avons inscrit sur une liste d'attente pour une évaluation pédopsychiatrique.

Moi, inconsciemment et physiquement, j'ai fui. J'ai ressenti, comme après mes deux accouchements, la sensation pas douce du tout de couler dans une mer de doutes, de questions. Mes deux bouées, mes enfants que j'aimais pourtant de tout mon être, n'arrivaient pas à garder mon cœur au-dessus de l'eau.

Comment avouer qu'on est dépassée par les événements quand son propre fils fait une crise et qu'on a envie de se sauver? À qui dit-on qu'on trouve difficile d'avoir des enfants difficiles? Qui veut vraiment entendre qu'on se lève huit fois par nuit parce que nos enfants n'ont pas les mêmes cycles de sommeil que nous? Qui veut vraiment savoir qu'on s'endort en pleurant parce qu'on a peur de ce qui va se passer à l'école, le lendemain? Comment avouer qu'on ne se sent pas à la hauteur des défis qui se présentent à nous? Qui, quoi, comment? Mon hamster champion de course gagnait des compétitions dans mon cerveau. Aux Olympiques des inquiétudes, il était triple médaillé d'or.

Je n'ai jamais dit ça à personne; vous êtes les premiers à l'entendre.

Vous savez ce que j'ai fait au lieu d'avouer ma vulnérabilité?

J'ai fui.

J'avais un bon boulot, je faisais de la télé tous les jours et mes finances se portaient bien, alors j'ai décidé de voyager. De beaucoup voyager.

D'acheter un billet pour partout, pour ailleurs, pour la paix. Dans la même année, je suis allée en Italie, en France, en Croatie, en Suisse, aux Îles-de-la-Madeleine et j'ai filé à l'anglaise trois fois à Londres. Seule, évidemment.

Voyager pour m'étourdir un peu, pour oublier que, à quatre ans, mon Clovis n'était toujours pas propre, que mon Léo était victime de constantes moqueries à l'école, que j'habitais avec mon ex beige parce que je ne me sentais pas apte à m'occuper de mes propres enfants.

Quelques photos de mes fils dans ma valise et, hop, dans l'avion.

La culpabilité ne me rongeait pas, puisque je n'étais pas tout à fait consciente du pourquoi de ces départs. Toutes les raisons étaient bonnes. Et puis les garçons étaient si bien avec leur papa.

Pendant mon dernier voyage – en Suisse, celui-là –, je me suis réveillée en sueur au beau milieu de la nuit. Je m'ennuyais de mes fils, ce qui ne m'arrivait pas, d'habitude. J'ai tellement pleuré que Reto, mon ami suisse allemand, est venu voir dans ma chambre si j'étais malade : « *Are you all right, Guy ?*

— *I miss my boys* », ai-je réussi à lui dire en sanglotant de façon peu élégante.

Dans un anglais approximatif, il m'a répondu : « *Go back to Canada and love them !* »

Épiphanie ! Là, en Suisse, avec ce si gentil garçon que j'avais rencontré en Croatie quelques mois auparavant, dans une magnifique maison dans les Alpes, comme Heidi. Mais une Heidi de quarante ans qui avait peur de s'attacher réellement, d'aimer jusqu'au bout.

Pendant mon vol de retour, je me suis sentie si légère, si sereine… *I was going back to Canada to love them.* Et ce n'était pas une liste d'attente, un plan d'intervention scolaire ni un pipi au lit qui allaient m'en empêcher.

Ce fut mon dernier voyage avant le grand voyage de l'attachement parental.

Au retour, j'ai pris l'autisme par les cornes. J'allais devenir cette mère qui ne fuit plus, qui aime au quotidien, qui fait des lunchs, qui donne des bains, qui a du courage.

J'ai même poussé l'audace jusqu'à me séparer définitivement de l'intellectuel beige en juillet 2009. Clovis, Léo et moi avons aménagé notre nouvel appartement de la rue Papineau à Montréal.

Papa venait voir les garçons deux ou trois fois par semaine, mais c'est maman-nouvelle qui avait la garde.

I was loving them, pour de vrai, pour de bon.

9

DITES-MOI, DOCTEUR, PRISE DEUX

Pour mon beau Clovis, tout allait bien. Doté d'un précieux diagnostic d'autisme depuis l'âge de trois ans, il fréquentait une école primaire normale, mais dans une classe spécialisée où il avait à sa disposition des pictogrammes, des tableaux et d'autres outils pour l'aider à acquérir de l'autonomie.

Pour mon Léo, c'était encore très difficile. Quelques années à fréquenter une orthophoniste l'avaient grandement aidé à se faire comprendre, mais nous étions toujours sur une liste d'attente pour son évaluation pédopsychiatrique. Et, bien franchement, après ma séparation, je n'avais pas les 2 000 dollars nécessaires pour une évaluation dans le privé.

L'école était devenue très anxiogène pour Léo, et ses relations avec les autres étaient complexes. Il ne comprenait pas les blagues qui le visaient ; il se fâchait, et plus il se fâchait, plus ça faisait rire les autres, et plus ça faisait rire les autres, plus ça le fâchait. Bref, la grande roue de la bêtise humaine.

Moi, je n'en pouvais plus de voir mon si beau rejeton rejeté.

J'ai trouvé les 2 000 dollars, j'ai trouvé une psychologue et, l'année où Léo a eu douze ans, je tenais entre mes mains les résultats de l'évaluation.

La route vers ce papier en or avait duré huit années.

«Pourquoi est-ce si important d'avoir ce diagnostic?» vous demandez-vous. Je me le suis demandé aussi! C'est que, sans diagnostic officiel, l'enfant n'a pas droit au statut d'handicapé. Dans un tel cas, l'école ne peut pas lui offrir une place en classe spécialisée ou, s'il n'y a pas de classe spécialisée, lui fournir des ressources et des outils pour l'aider autant que possible dans son parcours scolaire.

ENFIN! En majuscules, parce que ce petit bout de papier allait changer la trajectoire de mon Léo. Mais comment allais-je lui apprendre la nouvelle?

«Léo, tu es autiste.» Non, trop direct.

«Léo, tu as toujours été un électron libre, maintenant tu as le certificat qui vient avec!» Non.

«Léo, on dirait que maman a un grand talent pour fabriquer des autistes…» Bof.

Sérieusement, je me suis vraiment cassé la tête. Un soir, j'ai invité papa beige à souper et, pendant que nous mangions nos pâtes, j'ai demandé à Léo s'il savait pourquoi il était allé voir la psychologue. Il m'a répondu que c'est sûrement parce qu'il avait «une *condition*». Lucide, mon Léo, lucide.

«Ben oui, Léo, c'est exactement pour ça! lui ai-je dit, soulagée. Tu es autiste, autiste de haut niveau.» Son visage s'est illuminé: «Un autiste de haut niveau? Ah, j'ai toujours su que j'étais un autiste de compétition!»

Nous avons tous bien ri.

J'avais oublié à quel point c'était simple de juste dire la vérité.

Léo est dans le même spectre autistique que son frère, mais il est très différent. Il ne fait pas de *flapping* comme Clovis, il ne marche pas sur la pointe des pieds, il n'aligne pas ses jouets et ses aliments, mais il a les mêmes rigidités alimentaires. De plus, Léo est un autiste verbal, très verbal. Il a même un petit accent français et il est parfaitement bilingue. Toutefois, il rêve en anglais, c'est lui qui me l'a dit.

J'ai beaucoup d'admiration pour Léo, qui est passé à travers toutes les années de primaire sans rien comprendre. Parce qu'il est adorable, drôle et intelligent, il a fait son petit bonhomme de chemin sans vraiment savoir ni lire ni écrire. Il a tout fait de mémoire. Un maître-nageur qui est passé entre les mailles du filet scolaire.

J'avoue que j'ai trouvé les années prédiagnostic pénibles. Et lui aussi. Rien de plus crève-cœur pour une mère que de savoir que son fils subit l'intimidation gratuite des *petits pas fins*. J'aurais voulu le protéger dans la cour d'école ou dans l'autobus scolaire, mettre quelques baffes bien méritées à des enfants laids aux mots laids, mais ce n'est pas ce qu'une mère fait. Une mère attend après l'école, demande si la journée s'est bien déroulée, sert une collation et pleure en silence parce que la réponse à sa question est toujours : « Non. »

Heureusement, grâce à mes nombreuses lectures sur le sujet, j'arrivais de mieux en mieux à comprendre mon petit volcan.

Quand j'ai lu que les autistes avaient des habiletés sociales plutôt limitées, j'ai tout de suite reconnu mon Léo. Sa difficulté à se faire des amis, à bien saisir les conventions sociales – ces fameuses conventions si difficiles à faire comprendre à un autiste! Je pense, par exemple, à cette fois où j'ai tenté de lui expliquer qu'on ne peut mettre ses doigts dans n'importe quel orifice à n'importe quel moment.

Voyez la scène.

Léo et moi avions été invités à l'émission populaire *Des kiwis et des hommes* diffusée en matinée à Radio-Canada. Le thème du jour était les fêtes d'enfants, et on m'avait demandé d'être accompagnée de mon fils aîné. Léo était ravi, non pas de l'invitation en tant que telle, mais bien du congé scolaire qui venait avec le projet. Quant à moi, j'aimais beaucoup rendre visite à Francis et à Boucar sur leur si sympathique plateau.

Notre mandat était fort simple. En tout début d'émission, pendant que Francis et Boucar présentaient à la caméra le menu de l'émission, Léo et moi devions manger un *gelato*. Nous devions ensuite entrer en interaction avec Francis et Boucar. Simple, non? Oui, mais…

Quand Léo s'est retourné vers la caméra pour saluer les animateurs – je vous rappelle que l'émission était diffusée en direct –, je me suis rendu compte qu'il avait le doigt enfoncé dans le nez jusqu'au poignet. J'exagère à peine.

Gros plan caméra sur Léo continuant ses recherches archéologiques dans sa cavité nasale. Gros plan sur Francis et Boucar, qui pouffaient de rire. Avec raison… Gros plan sur moi, qui jonglais entre le « Wow, c'est du grand Léo ! » et la perte de connaissance. J'ai dit gentiment à Léo que nous étions en direct. Toujours en continuant ses fouilles, Léo m'a demandé ce qu'était le « direct ». Et les animateurs, les techniciens et toute l'équipe de rire de plus belle. Ce qui a donné lieu à une absurde conversation mère-fils sur les conventions sociales à la télé. Léo a enfin semblé comprendre, a extirpé son « bras canadien » du cratère et… a offert cette même main à Boucar en lui lançant un « Enchanté » désinvolte.

Oui, du grand Léo.

C'est vous dire que toute l'émission s'est déroulée sous le signe de la bonne humeur. Les rires sont vite réapparus lorsque, dans un autre segment de l'émission, on a demandé à Léo de faire de la pâte à pizza avec Boucar. Il y a eu un lavage de mains en direct. Puis de la bonne pizza. Et Léo a dit en ondes qu'il m'aimait parce que j'étais douce et drôle. J'en ai même oublié les crottes de nez.

C'est ça, l'amour.

Autre particularité de ma chère bibitte blonde, il ne comprend pas le second degré. Par exemple, je le menace de le lancer dans la neige s'il ne fait pas ses devoirs et il va enfiler ses vêtements d'hiver. Il ne comprend pas que c'est une façon de parler.

Tout un exercice de style pour une humoriste, que d'éviter le second degré !

Léo est un garçon brillant, un passionné de Lego. Chaque semaine, de son propre chef, il appelle la compagnie Lego à Toronto pour donner ses impressions et ses commentaires sur les nouveaux ou les anciens modèles. Tout ça en anglais.

Yes mister! Un passionné, je vous dis.

Les employés le reconnaissent et se montrent très gentils et réceptifs avec lui. De toute façon, ses dires sont d'une telle pertinence que pas un employé ne pourrait le contredire! Je suis certaine que sa fixation pour ce produit lui vaudra un emploi, un jour. D'ailleurs, je devrais leur envoyer tout de suite son curriculum vitae. Aucun doute, c'est lui qui nous fera vivre un jour!

Quand nous sommes allés visiter l'école secondaire qu'il allait fréquenter à partir de septembre 2013, Léo a demandé à l'élève qui faisait la visite guidée: «Où sont les classes d'autistes, mademoiselle?» Étonnée, la jeune fille lui a retourné la question: «Pourquoi?

— Parce que je suis autiste, moi.»

Je ne m'inquiète pas trop pour lui. Juste un peu. Juste assez.

10

BIENVENUE SUR NOTRE PLANÈTE

Je suis enfin tombée amoureuse de mes enfants. Il m'aura fallu un peu plus de temps que la moyenne pour ouvrir l'écoutille de mon amour profond, mais c'est arrivé. Je crois sincèrement que le fait que mes deux enfants soient autistes joue un grand rôle dans ma démarche affective. Un message de l'au-delà qui me dit que mon imperfection est parfaite pour eux. Que mon imagination nous servira, que ma débrouillardise nous sortira de bien des situations, que je suis faite pour cette grande aventure. Un peu comme si ma vie était un épisode de *Mission impossible* et que je recevais ce message : «Chère Guylaine, votre mission consiste à rendre ces deux enfants les plus autonomes possible, à découvrir leurs forces et leurs atouts, et à faire en sorte que leur quotidien soit doux. Ce message s'autodétruira dans trente secondes.»

J'ai accepté la mission. Je n'autodétruirai plus rien, je ne saboterai plus rien. Promis, juré.

Je me considère chanceuse d'être la mère de mes enfants et je suis convaincue que nous nous sommes choisis. S'il y avait un questionnaire à remplir dans le coin de ciel où les petites âmes attendent leurs futurs parents, mes enfants ont sûrement coché la case «Mère aimante avec un brin de folie». Ils m'ont eue, je les ai.

Sans être autiste moi-même, j'ai l'impression de vivre un peu dans une bulle, d'habiter une autre planète. Mes extraterrestres à moi ne sont pas méchants, pas compétitifs, pas agressifs, pas comme les autres. Quelque part, ça me rassure, cette sensation que nous sommes absolument contre-performants et que nous inventons notre vie. Nous célébrons la différence. Ceux qui ne sont pas contents peuvent bien manger de la marge!

Il est épuisant, ce monde un peu fou où on demande tellement de choses aux enfants. Obtenir de bons résultats scolaires, être performant, réussir de difficiles examens pour entrer dans de fabuleuses écoles, exceller au karaté, faire de beaux dessins, être photogénique, se classer bon premier au cours de gymnastique, avoir les dents blanches, savoir préparer un sushi, comprendre et appliquer les principes du *Guide alimentaire canadien*. Bref, devenir l'enfant que le parent aurait voulu être. Méchante responsabilité sur les épaules d'un petit qui porte déjà un sac à dos très lourd!

Moi, je n'ai qu'à apprendre à communiquer avec mes enfants et à laisser la vie faire le reste. N'allez pas penser que c'est toujours facile. Non. Il y a, comme dans toutes les familles, des journées, des semaines, des mois plus difficiles que d'autres, mais quand j'ai accepté ma mission avec tout ce qu'elle comportait, j'ai changé toute mon attitude. Un jour à la fois, une réussite à la fois, une peine à la fois. Je n'ai pas d'attentes irréalistes. Par exemple, je ne m'imagine pas que Clovis va parler un jour. Quelqu'un m'a déjà demandé si j'avais déjà imaginé mes fils « normaux ». J'ai souri. « Non, je les aime tels quels ! »

Certains apprennent à parler l'espagnol, moi j'apprends à parler l'autisme. Une langue qui me fait voyager dans un pays que je ne connaissais pas, un pays qui n'existe sur aucune carte. Ma famille est un continent à découvrir. Le grand voyage à la rencontre de mes enfants. Sans valises ni sacs à dos, sans passeports ni itinéraires, juste avec beaucoup d'amour et de patience. J'aurais pu décider de voyager lourd, de traîner dans mon sac le déni, l'amertume et le désespoir, mais voyager léger me redonne mes ailes. J'ai accepté la mission et j'irai jusqu'au bout du voyage.

J'aime notre vie, que dis-je, j'adore notre vie ! Et mes enfants me font beaucoup rire. Ils ont la désinvolture de ceux qui ne ressentent pas la lourdeur du regard des autres. Moi, par exemple, quand je mange un cornet de crème glacée trempée dans le chocolat, je sais que les gens autour de moi à la crémerie me fixent en pensant : « Regarde la toutoune qui s'empiffre ! » Tandis que, même s'ils sont bruyants à la piscine ou un peu bizarres au restaurant, même si les gens les observent, ahuris, avec des points d'interrogation dans les yeux, eh bien, mes fils n'en sont même pas conscients. Ce n'est pas de la chance, ça ? Vous les enviez presque maintenant, hein ?

D'ailleurs, pour pallier les regards des étrangers pendant nos sorties, j'ai trouvé une solution ludique. Par exemple, quand nous allons jouer aux quilles en famille et que mon Clovis court partout, qu'il fait plus de bruit à lui seul qu'une fête d'enfants, qu'il lance la boule dans l'allée pour ensuite courir après, aller lui-même choir au milieu des quilles et se faire ramasser par le planteur automatique, vous imaginez bien que nous ne passons pas inaperçus !

L'humour étant cette arme que je connais très bien, j'ai trouvé sur Internet des chandails fantastiques que Clovis porte pour nos sorties familiales. Ces chandails disent noir sur blanc de quoi il s'agit, dédramatisent la situation et font en sorte que nous passons un bon moment sans jugement. Croyez-moi, ça fait du bien.

Sur le premier chandail, il est écrit : *My autism is not contagious, but my smile is*[1]. Je vous entends fondre : «Honnnnn, que c'est mignon !» Fondez, fondez, c'est pour ça que j'ai écrit ce livre !

Sur le deuxième chandail, on peut lire : *Ask my mom about my autism*[2]. Simple et efficace ; on aime ça.

Le troisième chandail, celui qu'on garde pour les grandes occasions, est mon préféré : *I am autistic so I think that you are weird too*[3] !

Ce qui est drôle, et ça se passe toujours comme ça, c'est la réaction des gens aussitôt qu'ils ont lu

---

1 «Mon autisme n'est pas contagieux, mais mon sourire l'est.»
2 «Demandez à ma mère ce qu'est l'autisme.»
3 «Je suis autiste, alors je trouve que tu es bizarre, toi aussi !»

ce qui apparaît sur le chandail. Comme par magie, un sourire se dessine sur leur visage et sur le mien, par conséquent. Ils viennent de comprendre tout à coup pourquoi Clovis est si bruyant. Soudainement, ce n'est plus inconnu, plus effrayant. Tout le monde peut recommencer à jouer aux quilles, le sourire aux lèvres.

C'est ce que j'appelle de l'éducation populaire active, faite sur le terrain et de façon à ne froisser personne, c'est-à-dire avec humour et délicatesse. Quand je vous ai dit que j'avais accepté la mission, ce n'était pas à la légère. Aux grands maux, les grands chandails !

Mon Léo, lui, n'a jamais eu à porter ce genre de chandail. C'est un autiste verbal : il parle, et beaucoup. Lui, il dit toujours la vérité. Toujours.

Si nous prenons l'autobus en famille et que Léo constate qu'un jeune n'offre pas son siège à une personne plus âgée, il n'hésitera pas à lui dire : « Tu devrais vraiment donner ton siège à cette dame parce qu'elle est vieille. » Avec Léo, c'est moi qui devrais arborer un t-shirt annonçant : « Mon fils est autiste. Il n'a pas de filtre. Il dit toujours la vérité. » Sérieusement, j'y pense !

Une fois, pendant que j'étais sous la douche, mon Léo est entré dans la salle de bain. En me voyant, il m'a dit : « T'as l'air encore plus grosse toute nue. »

Faut pas être trop sensible. Moi, j'ai une auto qui fonctionne au sans-plomb et un ado qui carbure au sans-filtre.

Cet après-midi-là, j'ai demandé plusieurs fois à Léo de faire ses devoirs : « Léo, fais tes devoirs. » « Léo, fais tes devoirs. » (Impatiente) « Léo, est-ce que tu veux faire tes devoirs, s'il te plaît ? » Et Léo-sans-filtre de répondre : « Désolé, Guylaine, je n'ai rien compris de ce que tu disais, je regardais tes très gros seins. »

Ah, mon Léo !

Et je n'ai même pas de si gros seins…

Quand nous allons au restaurant, que nous ne faisons pas porter un chandail « spécial autisme » à Clovis en nous disant que tout va bien se passer… eh bien, c'est toujours là que nous nous trompons. Ce n'est pas l'enfer, mais c'est, disons, l'aventure.

Nous arrivons dans une chaîne de restauration rapide. (Pas de restaurant français haut de gamme pour nous ; même avec un beau t-shirt qui dit tout, pas certaine que notre beau Clovis ferait fureur avec ses bruits de bouche chez les amateurs de foie gras…)

Nous passons au comptoir pour commander, nous nous assoyons à une table et déjà les cris de joie stridents de Clovis ont attiré quelques sourires bordés de ketchup. Et ça ne fait que commencer. Il faut savoir que Clovis a une tactique bien à lui pour manger son repas croquettes-frites-lait-au-chocolat. Son rituel est fort simple : il met ses cinq croquettes en ligne – très droite, la ligne, on dirait presque qu'il la trace avec une règle. Ensuite, il les lèche une par une, puis il se les passe sur le visage – oui, c'est un sensoriel, mon homme – et il les mange une à une, le visage bien gras. Ah, le grandiose spectacle des *petites madames* de la table d'à côté qui nous dévisagent! Et voilà que notre Léo qui dit toute la vérité se retourne vers les dames: «Mon frère est autiste, ça le sécurise de faire ça avec ses croquettes. On appelle ça une routine, madame. Bon appétit.»

Ils me font bien rire, mes enfants. Ils me font du bien, mes enfants.

Jusqu'à maintenant, vous les trouvez formidables, mes petits extraterrestres, et vous en êtes presque à vous dire que vous en voulez de pareils!

Je comprends.

Évidemment, il y a toujours un revers à la médaille. Si notre vie de famille est du sport, nous, on n'a pas le choix, on participe aux Olympiques spéciaux, et ce, pour la vie.

De l'autre côté de notre médaille, il y a toute cette structure sociale qui ne nous aide pas. J'ai déjà écrit cette phrase sur les réseaux sociaux: «Ce n'est pas le handicap qui est lourd, c'est la structure sociale qui est handicapante.»

Oui. Tellement.

Quand je pense à toutes ces heures passées au téléphone avec des fonctionnaires à tenter de leur faire comprendre notre réalité. Épuisant.

Si on me demandait ce dont j'ai vraiment envie, eh bien j'inviterais dans ma maison le ministre de la Santé, le ministre de l'Éducation, quelques commissaires scolaires et tous les fonctionnaires avec qui j'ai parlé durant les douze dernières années. Je leur présenterais mes fils et je me sauverais en verrouillant la porte de l'extérieur. Je les laisserais seuls et sans mode d'emploi avec mes enfants… une petite fin de semaine.

Évidemment, il y aurait des caméras pour que je puisse gérer la situation à distance. Bon Dieu, que j'aimerais voir leur visage quand mon Clovis-qui-ne-parle-pas pleurerait et hurlerait parce qu'il veut quelque chose, et tout de suite. Ou quand mon Léo leur raconterait pendant des heures pourquoi le nouveau modèle de Lego n'est pas aussi bon que l'ancien. Ou quand Clovis irait aux toilettes et repeindrait les murs avec ses substances corporelles.

Ou quand… Ou quand… Ou quand…

Juste pour leur faire vivre l'expérience de notre quotidien. Sans filtres, sans ressources et sans soutien, comme nous. Juste pour que plus jamais un fonctionnaire ne me dise que mon enfant n'est pas «assez handicapé» pour qu'on m'accorde un crédit d'impôt.

Évidemment, je leur cuisinerais une belle grosse lasagne avec des boulettes de viande; ça prend des forces pour s'occuper de mes enfants vingt-quatre heures par jour!

Ma porte est grande ouverte… Pas vraiment, parce que mon Clovis se sauverait, mais vous comprenez.

11

Il était une fois...
Deux fois, l'autisme

Laissez-moi vous raconter l'autisme tel que je le connais. Sans termes scientifiques, sans approbation d'un spécialiste, juste tel qu'il se présente chez nous tous les matins.

Avec mes mots de mère.

L'autisme, c'est un colis-surprise qui arrive à la maison. On ignore ce qui se cache à l'intérieur. Pas de manuel d'instructions dans la boîte, mais des questions, beaucoup de questions.

Malheureusement, les parents qui, comme moi, reçoivent ce colis se retrouvent entraînés bien malgré eux dans un tourbillon d'émotions et une douloureuse absence de ressources.

Quand l'autisme franchit le seuil de la porte, rien n'est plus jamais pareil.

L'autisme prend beaucoup de place, tellement qu'un jour on arrive presque à l'oublier. Mieux encore, on apprend à vivre avec lui comme avec un colocataire qui nous était désagréable au début, mais qui, au bout de quelques jours, nous semble moins agaçant.

Évidemment, ici, je parle pour moi, et pour moi seulement.

Je sais qu'il est très difficile de recevoir un diagnostic d'autisme, et que le déni peut s'installer confortablement pendant des semaines, des mois, des années.

Ce deuil, cet immense deuil d'un enfant normal. Notre enfant qui, peut-être, ne parlera jamais, ne sera jamais propre, n'ira pas à l'université, ne se mariera pas, ne fera pas de nous une grand-mère.

Mon Clovis a mangé avec des ustensiles une fois seulement dans sa vie. J'ai fait depuis longtemps le deuil de la bienséance à table. Et même de la table tout court, puisqu'il mange la plupart du temps sur le divan, sur le tapis, bref, ailleurs qu'assis à la table. Des deuils, du plus petit au plus grand, mais des deuils quand même.

Les milliers de larmes qui accompagnent ce long processus, je les ai versées. Des larmes salées comme la mer, comme l'amère. Des larmes de mère.

Je comprends complètement l'incompréhension, la colère, le découragement ; ils ont tous frôlé mon cœur.

Oui, quand l'autisme franchit le seuil de la porte, rien n'est plus jamais pareil.

Je vous présente mon autisme, celui que je connais.

J'ai compris avec les années que, mes enfants et moi, nous ne parlions pas le même langage. Imaginez si, à votre réveil, vos enfants parlaient une autre langue, une langue difficile à comprendre, dans laquelle vous n'avez aucun repère, le norvégien, par exemple (à moins que vous ayez appris le norvégien au collège…). Imaginez la confusion si vous ne pouviez plus vous comprendre. Il faut élaborer des stratégies de communication, avec beaucoup de structure, un peu de flou artistique et de l'amour, oui, beaucoup d'amour.

Sans le vouloir, je suis devenue un peu experte en autisme. À force de le côtoyer s'ajoutaient à mon vocabulaire de nouveaux mots : rigidités, séquences, pictogrammes, rupture de fonctionnement, patience et patience.

Mes enfants sont très différents l'un de l'autre, mais semblables sur bien des points. Ils ont les mêmes rigidités.

Rigidités ? Une rigidité est un comportement, une fixation qui, malgré tous nos efforts de changements, persiste. Mes autistes à moi ont une structure bien établie, et gare à celui ou celle qui voudrait la casser.

Une éducatrice spécialisée a déjà commencé un entretien prof-parent par cette phrase : « Votre Léo, je vais réussir à le *casser*… » Elle n'a pas eu le temps de commencer une deuxième phrase que j'étais déjà dans le corridor.

Vous êtes spécialisée en quoi, déjà ? Ce ne sont pas des enfants qui se *cassent*, madame. Si vous ne comprenez pas qu'ils ne comprennent pas, eh bien, vous ne comprenez vraiment rien, compris ? Je n'ai jamais revu cette éducatrice spécialisée en rien.

Oui, je suis une lionne et, quelquefois, je sors les griffes. Toutes les mamans lionnes font ça, non ?

Mais revenons à l'autisme tel que nous le vivons chez nous, voulez-vous ? (Je vous entends dire oui.)

Chez nous, on fonctionne par séquences : une séquence est une succession d'actions claires et simples qui visent un accomplissement ou un aboutissement.

Pourquoi des séquences, ma belle Guylaine ? (Oui, je vous imagine gentils et pleins de tendresse quand vous vous adressez à moi.)

Réponse : les séquences sécurisent mes enfants. Comme leur notion de la réalité est altérée par l'autisme, ils ont besoin de pictogrammes ou de consignes orales claires pour effectuer une action qui semble banale à d'autres, mais qui requiert un peu plus d'attention pour eux.

Mon plus jeune, surtout, a besoin de ces précieuses séquences pour ne pas vivre d'anxiété. Parce qu'il est un autiste non verbal et qu'il lui est difficile de bien exprimer ses émotions, ses envies, ses malaises et autres impressions, les séquences l'apaisent et lui permettent de réaliser de belles et grandes choses. Elles sont un outil précieux pour lui faire bien comprendre ce qui arrivera dans les prochaines minutes, dans les prochaines heures. Utiliser les séquences est une façon de rassurer Clovis et de lui dire : « Voilà, je respecte ton état, je fais tout ce que je peux pour bien te comprendre et je veux que tu passes une belle journée. »

As-tu un exemple pour nous, Guylaine ?

Mais bien sûr !

Le dimanche, c'est jour de piscine, alors, au réveil, nous prenons une feuille et des crayons et nous dessinons ce qui va arriver dans la journée.

Clovis aime beaucoup s'asseoir à table et nous regarder dessiner sa séquence. Il est très attentif. Car, ne vous méprenez pas, il comprend tout. Seulement, son petit ordinateur interne ne fonctionne pas comme le nôtre et il a besoin de repères pour comprendre nos intentions.

Sur une feuille blanche, je fais un premier dessin représentant Clovis, puis un deuxième avec tout le monde dans la voiture, et un dernier montrant une piscine. La séquence complète étant (1) Clovis (2) avec Léo et Steve en voiture, puis (3) à la piscine. (Steve est mon mari, je lui réserve un chapitre plus loin… Je sais, ma vie est une *sitcom* !)

C'est drôle, je suis certaine que vous avez dessiné cette séquence dans votre tête comme je vous la décris !

Une fois qu'il a pris conscience de la séquence d'événements qui l'attend dans la journée, Clovis peut soit retourner vaquer tranquillement à ses occupations, soit regarder Dr Seuss sur sa tablette électronique, manger ses rôties à la tartinade de chocolat ou faire du *flapping*…

Qu'est-ce que le *flapping*, douce Guylaine ? (Décidément, vous êtes très gentils avec moi !) Réponse : du *flapping*, c'est de l'autostimulation : Clovis agite vivement ses mains ou tape sur ses pieds pour stimuler ses sens.

Un autiste ne sent pas les choses comme nous. Sa perception de l'univers et des choses qui l'entourent est bien mystérieuse, si vous voulez mon avis. Tout devient donc matière à exploration sensorielle.

Il y a des autistes hypersensibles qui n'aiment pas se faire toucher ou caresser et pour qui le contact physique est une réelle agression. Et il y a des autistes hyposensibles, qui ont besoin de pressions profondes et de gros câlins pour bien sentir les choses.

Moi, j'en ai un de chaque modèle.

Léo n'aime pas et n'a jamais aimé se faire toucher ou embrasser. J'ai d'ailleurs trouvé ça un peu difficile lorsqu'il était petit, cette espèce de rejet de mes câlins. Maintenant que j'ai compris que c'est son autisme qui le dicte, j'accepte notre relation très peu fusionnelle, du moins physiquement. Depuis qu'il est né, j'ai dû donner à Léo un total de cinquante bisous. En presque quatorze ans, c'est bien peu, mais ils sont précieux et je les savoure.

Clovis, lui, est l'incarnation même de la boule d'amour. Affectueux, il se jette dans mes bras comme moi sur de la crème glacée. Je suis folle de la crème glacée. Clovis est fou de moi. C'est donc lui le récipiendaire de tous mes débordements affectifs.

On dit souvent que les autistes n'aiment pas regarder les gens droit dans les yeux, est-ce parce qu'ils ont peur ? Non, c'est que sur un visage il y a tellement à voir et à décoder que ça devient trop difficile pour les autistes d'assimiler toutes ces informations en même temps.

L'exemple de cet adolescent autiste qui ne regardait jamais son médecin lorsqu'il lui parlait est révélateur. Le médecin lui a demandé pourquoi il fixait toujours le mur durant leurs entretiens. Le jeune autiste a répondu : «C'est que si je vous regarde, je suis tellement occupé à observer attentivement toutes les rides, les poils, les expressions de votre visage que je n'entends rien de ce que vous dites.» Je comprends mieux maintenant cette fois où Léo ne m'entendait pas parce qu'il regardait mes «très gros seins».

Avoir des enfants autistes, c'est se heurter à des conventions sociales qui ne trouvent pas leur place en notre demeure. Parfois, à la blague, je me surnomme «Capitaine Lâcher-Prise». Dans notre recette du bonheur, le lâcher-prise est le premier ingrédient sur la liste. Suivent une bonne dose d'humour, un soupçon de «lionne» pour affronter les aléas de la structure sociale et une pincée de tendresse. Pour mes enfants, mon mari, mais surtout pour moi-même.

Me donner le droit d'être vulnérable, fâchée, voire *à boutte*.

Me donner le droit d'être heureuse aussi, positive et la tête pleine de projets tout simples.

Avec un peu d'imagination, je nous cuisine une vie.

Et elle a bon goût. Un goût différent, mais un bon goût.

12

QU'EST-CE QUE ÇA MANGE EN HIVER, UN AUTISTE ?

Mes enfants mangent « beige », ça doit venir de leur père. Des pâtes au beurre, du riz, des craquelins, des pommes sans pelure, des croquettes de poulet.

Pourquoi ? Franchement, je ne sais pas. Tout ce que je sais, c'est qu'ils ont une relation très étrange avec les textures. Chez Léo, un haut-le-cœur est si vite arrivé…

N'appelez pas la police, mes enfants mangent à leur faim.

Et « Capitaine Lâcher-Prise » prend bien soin de leur offrir du fer végétal biodisponible, des vitamines sous forme liquide, des oméga-3, de la spiruline et d'autres multivitamines sous toutes sortes de formes. Même que, quand je lui offre une nouvelle potion magique, mon Léo me dit : « Tu ne trouves pas que tu me gâtes trop, ma Guylaine ? » Oui, mais c'est pour ton bien, mon Léo. Avale.

Depuis que j'ai des enfants, je cuisine neuf repas différents par jour ; je suis une cantine humaine. Des croissants pour Clovis au déjeuner, des rôties au beurre d'arachides pour Léo, du gruau pour mon mari et moi. Pour dîner, un sandwich grillé au fromage pour Clovis, des croquettes pour Léo, d'autres sandwichs pour nous, et ainsi de suite, trois fois par jour, tous les jours. Ce ne sont pas des caprices, ce sont des rigidités alimentaires. Des rigidités tout court, et ça, on en mange beaucoup chez nous. Heureusement, j'aime cuisiner.

Manger tous ensemble à la table : mission impossible. Trop de stimuli, trop d'odeurs, trop de couleurs, trop de trop. C'est comme ça. Nous ne serons jamais figurants dans une publicité d'épicerie où toute la famille est assise à festoyer autour d'un seul et unique gros jambon et d'un bol de patates douces pilées.

Ça n'arrivera jamais.

J'entends certains dire : « Tu n'as qu'à les asseoir avec une grosse assiette de brocolis devant eux, et à leur dire qu'ils ne pourront pas quitter la table avant que leur assiette soit vide. »

Euh… non. Ça ne fonctionne pas comme ça. Il y a des choses trop complexes pour leur compréhension, et c'est à moi, en tant qu'adulte « normale », de gérer la situation.

Lire ces phrases vous rend perplexe ? Je comprends. Difficile, dans une société où l'on prône l'importance du souper en famille et d'une assiette équilibrée, de laisser ses enfants faire bande à part et manger du beige.

C'est ce que j'appelle « s'inventer des rituels ».

Je sais que Léo aime boire du lait avec une paille. Que Clovis mange avec ses doigts. Que Léo aime ses croquettes de poulet ultracroustillantes. Que Clovis est amoureux de sa bouteille d'eau, une simple bouteille d'eau achetée au dépanneur il y a quelques mois et qui est devenue son inséparable amie.

N'ayez crainte, ladite bouteille d'eau fait régulièrement un petit voyage dans le lave-vaisselle. À maintes reprises, nous avons tenté de la changer, mais, chaque fois, Clovis l'a retrouvée dans les poubelles. D'où ma réflexion : « Qui a une rigidité ? Lui, parce qu'il aime sa bouteille ? Ou moi qui veux tant lui en donner une neuve ? »

Je suis quotidiennement aux prises avec ce genre de choses. Des choses anodines quand on les lit, mais pleines de sens quand on les vit.

Je sais pertinemment que, lorsque nous allons en visite, nous devons toujours apporter un sac de denrées avec nous. Mes enfants mangent seulement une sorte de pain, seulement une sorte de pâtes, de la nourriture unique pour une famille unique.

Mon Clovis a un parcours alimentaire un peu hors du commun. Il mange des rôties au chocolat, des sandwichs grillés au fromage, des macaronis au fromage et du papier.

Oui, du papier.

Il a un faible pour les factures. Les toutes fraîches à l'épicerie ou au cinéma. De préférence, celles qui traînent sur le sol. Inutile de vous dire qu'il a un système immunitaire du tonnerre.

Au magasin, ce ne sont pas les jouets qui le font saliver, ce sont les boîtes ou les livres. Il a un sérieux penchant pour les pages des bandes dessinées de son frère. Miam, un véritable délice ! Et il mange toujours les pages de la fin : frustrant pour le lecteur qui arrive au bout de sa lecture. Bref, à cause de notre petite mite-mangeuse-de-papier, nous n'avons pas de bibliothèque à la maison.

Un jour, quand j'étais chroniqueuse à l'émission *La Fosse aux lionnes*, j'ai rencontré mon idole de jeunesse, Claude Lafortune, M. Évangile en papier. Gentiment, il m'a invitée à venir voir son spectacle *Don Quichotte* accompagnée de ma famille.

Ouiiiiiiiiiiii !

Nous voilà donc, Léo, Clovis et moi au théâtre à attendre ce maître bricoleur. Léo est assis par terre avec les autres enfants ; Clovis, avec moi dans les sièges du théâtre.

L'Homme-aux-Ciseaux entre sur scène, élégant et agile. Soixante-dix-neuf ans, le Don Quichotte. Admirable. Il raconte l'histoire du chevalier tout en faisant valser les ciseaux sur le papier de construction multicolore. Les retailles virevoltent, j'entends Léo rire aux éclats.

Puis, sans crier gare, mon Clovis, rapide comme l'éclair, court du fond de la salle jusqu'à l'avant-scène en criant. Comme au ralenti, je le vois se pourlécher les babines et sauter de tout son long dans la montagne de retailles. À deux mains, il engloutit les précieuses chutes de papier, sous le regard médusé de la foule mais amusé de M. Lafortune. Clovis et ses traînées de bave colorée, qui hurlait de joie dans ce buffet de pur bonheur à volonté. S'il avait pu parler, il aurait sûrement dit : « Merci maman, c'est donc bon le paradis ! »

Et son frère de dire à M. Lafortune : « Oh, oui, il mange du papier, mais il préfère les factures. »

Comment ai-je fait pour ne pas penser à ça ? Un plus un. Beaucoup de papier égale une situation rocambolesque !

Alors, vous comprendrez que je ne m'en fais pas trop de voir Léo partir tous les matins depuis la maternelle avec, dans sa boîte à lunch, un sandwich au ketchup.

Je ne sais pas pourquoi, c'est comme ça.

Et puis des tomates, c'est bon pour la santé, non ?

13

C'EST JUSTE D'L'AMOUR

Je suis convaincue que je suis en train de vous faire tomber amoureux de mes enfants comme je suis tombée amoureuse d'eux!

J'ai raison? Je le savais.

Pas toujours triste, la vie d'autiste. À vrai dire, mes enfants sont rarement tristes, c'est souvent l'entourage qui se sent impuissant.

J'observe Léo et Clovis attentivement, et je remarque qu'ils sont très doués pour le bonheur. Par conséquent, j'en tire les bénéfices. Je deviens par le fait même douée pour le bonheur, moi aussi. Un beau travail d'équipe.

Je connais Clovis depuis maintenant onze ans, et il se réveille toujours avec le sourire; c'est mon soleil. Je l'entends dans son lit tôt (très tôt) le matin. Il se lève, va à la salle de bain (tout seul, alléluia!) et vient nous rejoindre dans notre lit. Il se colle, fait des câlins, et il y a dans ses yeux toujours le même plaisir à nous retrouver. Comment rester insensible à une telle manifestation de tendresse? Moi, je craque tous les jours. Il est vrai que, pour le moment, c'est mignon de le voir arriver tout nu dans notre lit. On s'en reparlera dans dix ans…

Léo, lui, lorsqu'il revient de l'école, enfile son pyjama et mange sa collation en riant à gorge déployée devant ses « petits bonshommes ». Ensuite, il me pose toujours la même question : « Et puis, Guylaine, tu as passé une belle journée ? » Je sais pertinemment que ma réponse ne l'intéresse pas et qu'on lui a appris qu'il était poli de poser la question, mais son effort pour se conformer à mon univers me touche beaucoup. Je craque encore.

Mes enfants, ces craquants craqueurs.

Leur simplicité me réjouit.

Il est important de spécifier que mes enfants sont zen de nature. Je sais que tous les parents d'enfants autistes ne vivent pas le même calme et qu'il y a des cas plus lourds. Je sais et je comprends. Mais, comme je ne connais que mes enfants, c'est évidemment d'eux que je vous parle.

Il y a, de temps en temps, des moments où Clovis se tape sur la tête parce qu'il cherche quelque chose et que l'ordinateur n'est pas assez rapide pour lui.

Autiste, mais pas patient, le petit !

Quand ça arrive, nous essayons de comprendre la raison de sa crise et de calmer l'anxiété qui y est liée. Souvent, c'est Léo qui comprend le mieux ce que son frère veut. Pratique d'avoir un frère verbal dans le même spectre que soi. *Re-spectre* fraternel…

Clovis est un autiste non verbal au sens clinique du terme ; les fils du langage ne sont pas connectés dans son cerveau, pour ainsi dire. Mais il a appris à formuler de belles demandes en mots. Merci aux bons soins de son école spécialisée.

Il répète énormément de mots, il peut réciter le répertoire complet de *Dora l'exploratrice* ! C'est ce qu'on appelle de l'écholalie, la répétition machinale des mots ou des phrases… à répétition.

Et quand je dis « à répétition », ne minimisez surtout pas l'étendue des dommages. Nous avons déjà eu droit à un dialogue entre Dora et un petit camion de pompier pendant les sept heures de route qui séparent Montréal et Val-d'Or. Vient un temps où on ne l'entend même plus. Mais s'il devait y avoir un jeu-questionnaire télévisé sur *Dora*, je gagnerais et je serais riche !

Clovis parle comme un robot. Ses demandes verbales principales se limitent à quelques phrases :

« Je veux de l'eau. »

« Je veux *Kraft Dinner*. »

« Je veux coucher. » Il veut sa couverture.

« Tasse-toi. » Il veut qu'on aille le border dans son lit.

« Pousse-toi. » Il veut qu'on le laisse tranquille.

C'est à peu près ça et c'est énorme. On parle ici d'un garçon qui, jusqu'à l'âge de cinq ans, n'avait jamais dit un mot. Imaginez si je lui donne de l'eau quand il me dit « Je veux de l'eau » !

Pour la première fois, récemment, il a dit « s'il vous plaît ». J'ai failli perdre connaissance tellement j'étais surprise. Un mot à la fois, doux Jésus !

Nous sommes très heureux de ce pas de géant : ces quelques mots facilitent grandement notre quotidien.

Nous parlons en signes aussi, une dizaine au total. Des signes simples, mais efficaces comme : fini, encore, bonjour, etc. Le hic, c'est lorsque Clovis a mal. Nous avons cherché pendant plusieurs années une technique pour savoir où il avait mal, et c'est l'ergothérapeute de son école qui l'a trouvée. Elle a couché Clovis sur une immense feuille de papier, elle a dessiné le contour de son corps sur la feuille et, lorsqu'il s'est relevé, elle lui a demandé de montrer avec son doigt où se situait le «bobo». Nous avons maintenant toujours de grandes feuilles de papier chez nous.

Une petite victoire à la fois, voilà notre mode de vie.

Récemment, durant un souper d'amis – ces soupers se passent souvent chez nous parce qu'il est plus simple pour mes bibittes d'être dans leur habitat naturel –, l'un d'eux m'a demandé : «Tes enfants ne t'appellent jamais maman?»

Je ne m'y étais pas arrêtée, mais c'est vrai, je n'entends jamais le mot «maman». Drôle de constat, quand même. Clovis ne parle pas et, pour une raison que j'ignore, Léo m'a toujours appelée Guylaine.

«Et pourquoi tu m'appelles Guylaine, mon beau Léo?

— Parce que tu t'appelles Guylaine.»

C'est vrai.

Tout ce que dit Léo m'attendrit énormément. Je pourrais qualifier ses tournures de phrases de *léonismes* tellement elles sont uniques.

Quand il réussit quelque chose : «Je suis jaloux de moi-même, imagine les autres!»

Quand il est contemplatif: «Je suis assis avec mon imagination, Guylaine.»

Quand on lui a dit qu'il allait porter l'uniforme à l'école secondaire: «Oui, mais je ne pourrai plus être déguisé en moi-même!»

Léo qui trouve une bonne réponse: «Je suis d'accord avec moi-même.»

Léo qui parle de moi à ses amis: «Ma mère, c'est toute une pièce d'homme.»

Léo qui éternue: «À mes souhaits!»

L'autre soir, avant de se coucher, il est entré dans ma chambre et a voulu savoir si je faisais des souhaits à Dieu avant de m'endormir. Je lui ai demandé s'il savait qui était Dieu. J'étais curieuse parce qu'on ne parle pas beaucoup de religion chez nous. Léo m'avait déjà interrogée quand il était plus petit sur la présence d'un gros T majuscule devant les écoles. Il parlait de la croix! Je me posais donc certaines questions quant à ses connaissances sur la religion.

«Ben oui, je sais qui est Dieu! C'est le père de Jésus.» Vivement les cours d'éthique et de culture religieuse!

«Guylaine, je te le redemande, est-ce que tu fais des souhaits à Dieu avant de dormir?» Ma réponse lui semblant trop longue à venir, il a poursuivi: «Moi, j'en fais tous les soirs et je te le conseille, ma Guylaine!»

Ne change surtout pas, mon Léo, chevalier au cœur tendre. Ce soir-là, j'ai fait un souhait à Dieu. Je ne vous dis pas lequel, c'est malchanceux, à ce qu'on dit, de dévoiler nos vœux.

Et je veux qu'il se réalise.

14

SERVICES, OÙ ÊTES-VOUS ?

Attention, ce chapitre peut contenir des traces de sarcasmes, de colère et d'arachides. Vous êtes averti.

Malgré mes efforts considérables pour toujours voir le verre à moitié plein, force m'est d'admettre que, pour ce qui est du soutien à la famille, le verre, la piscine, l'océan de services est à moitié vide, voire à sec.

Dans ma maison, tout va rondement : les enfants sont heureux, ma santé mentale est encore bonne, mon couple vigoureux. (Je sais, vous avez hâte d'entendre parler de mon nouveau couple. Patience. C'est au prochain chapitre.) Mais aussitôt que nous avons besoin de services pour nos enfants, il faut sortir l'artillerie lourde parce que ce n'est pas un combat facile. Une route non balisée, non éclairée, vers des services non existants. J'en sais quelque chose, j'ai fait deux fois le chemin. À la loterie céleste, j'ai pigé le gros lot génétique !

Pour que vous saisissiez mieux comment ça se passe quand on fait connaissance avec l'autisme et tout ce qui l'entoure, voici une brève chronologie des événements. J'aurais aimé vous dire que c'est une dramatisation des faits, mais non. Comme Léo, je dis la vérité. Je vous préviens, c'est triste.

Chronologie de l'autisme

J'ai utilisé le *vous* pour bien vous faire vivre l'expérience. Voyez ça comme un jeu de rôle. Pas un jeu drôle.

Première étape : vous soupçonnez un retard ou un trouble chez votre enfant. Vous allez googler *autisme* sur Internet ; vous angoissez un peu, mais ne voulez encore inquiéter personne. Vous gardez ça pour vous.

Deuxième étape : vous alertez votre pédiatre. Il tente de vous rassurer : la courbe de croissance de l'enfant est normale, et certains enfants progressent moins vite sur le plan du langage. Vous n'êtes pas rassuré du tout, vous *googlez* encore plus.

Troisième étape : on vous met sur une liste d'attente pour un diagnostic. Cette attente pourra durer entre quelques mois et quelques années, selon votre région, l'âge de l'enfant et d'autres détails. On la nomme aussi l'étape du *Ça ne s'appelle pas une liste d'attente pour rien, tu vas attendre, mon champion.*

Quatrième étape : vous attendez avec impatience le diagnostic. Vous lisez tout ce qu'on trouve sur l'autisme dans Internet et, bien franchement, vous perdez la tête. À cette étape, il se peut que votre travail et votre couple commencent à souffrir de votre insomnie et de votre inquiétude généralisée. Votre médecin de famille vous prescrit des somnifères.

Cinquième étape : on a enfin tiré votre numéro, et vous gagnez une évaluation. Après quelques séances d'observation, vous avez maintenant en main un diagnostic. On appelle aussi cette étape *Coup de pelle en plein visage*. Le système ne vous offrira pas de soutien ou d'outils pour mieux comprendre l'autisme ; vous devrez continuer à vous renseigner sur Google ou entrer en contact avec des organismes non gouvernementaux qui aident les familles à démystifier l'autisme et à mieux vivre avec l'autiste. Que Dieu bénisse ces organismes !

Sixième étape : vous traversez, non sans peine, les étapes du deuil d'un enfant « normal ». La durée de cette période peut varier d'un parent à l'autre. Votre médecin de famille peut modifier votre dose de somnifères ou vous prescrire des antidépresseurs. Notez que vous devrez, malgré la douleur d'une vie changée à jamais, continuer à être productif au travail et souriant à l'épicerie.

Septième étape : quand la rage, la colère, le déni, le désespoir auront fait ce qu'ils avaient à faire, vous vivrez, si vous vous offrez ce luxe, le soulagement d'avoir enfin des réponses et le franc désir d'améliorer votre sort et celui de votre famille.

Huitième étape : vous recevez l'appel de votre CLSC ; on vous dit que vous êtes maintenant sur des listes d'attente pour des services. Vous avez le droit d'être fâché, très fâché, tout en restant productif pour la société et en continuant à participer à l'effort collectif pendant que le collectif, lui, n'en a rien à cirer de vos petits malheurs.

Neuvième étape : vous attendez les services promis.

Dixième étape : vous attendez les services promis.

Onzième étape : vous tentez de joindre la travailleuse sociale qui s'occupe de votre dossier et vous tombez mille fois sur son répondeur.

Douzième étape : vous attendez le retour d'appel de la travailleuse sociale… en attendant les services promis.

Treizième étape : vous passez des heures au téléphone avec les divers intervenants concernés par le dossier de votre enfant. Vous vous battez avec la Régie des rentes du Québec, qui ne veut pas donner le statut de personne handicapée à votre enfant. On vous refuse également la prestation pour enfants handicapés. Vous pleurez de rage, vous pleurez de peine, assurément, plusieurs fois.

Quatorzième étape : vous attendez les services promis.

Quinzième étape : vous envisagez d'aller « au privé » pour obtenir la précieuse stimulation dont votre enfant a tant besoin, mais vous vous rendez compte que ça coûte très cher. Votre patron n'est peut-être pas très ouvert à votre demande d'augmentation de salaire. Vous augmentez votre dose d'antidépresseurs.

Seizième étape : retour d'appel de la travailleuse sociale. Elle vous rassure : vous êtes toujours sur une liste d'attente pour des services. En raccrochant, vous avez envie de tout casser. Ne le faites pas. Pensez aux frais de réparation que cela entraînerait.

Dix-septième étape : vous attendrez les services promis.

Dix-huitième étape : vous recevez enfin les services promis, mais on vous annonce que, comme votre enfant aura bientôt six ans, il n'est plus admissible au programme de stimulation précoce et qu'on doit donc le mettre sur une autre liste d'attente pour d'autres services. Vous faites une dépression. Vous êtes en arrêt de travail et vous coûtez plus cher à la société que les services qu'aurait dû recevoir votre enfant.

Dix-neuvième étape : vous divorcez et vous retournez au travail.

Vingtième étape : votre enfant a vingt et un ans, et il n'y a plus de services du tout pour lui. Le seul avantage, c'est que vous ne serez plus jamais sur une liste d'attente.

C'est triste à pleurer, mais c'est la réalité. Je l'écris en majuscules : LA STRUCTURE SOCIALE M'EXASPÈRE.

C'est dit.

Comment une société dite « évoluée » peut-elle abandonner des enfants aux besoins si criants et, par le fait même, toute leur famille ? Mes enfants ont onze ans et treize ans, et ça fait exactement six ans que nous sommes sur des listes d'attente pour des services.

Je sais que c'est le cas de milliers de familles au Québec.

Pourquoi est-ce que, quand j'appelle au CLSC, je fais une crise d'angoisse tout de suite après ?

J'écris ça et j'ai déjà les joues rouges.

Et moi je suis chanceuse : j'ai un conjoint formidable, des professeurs et des intervenants dévoués, un réseau de parents et d'amis qui nous offrent leur soutien.

Mais qu'en est-il des gens seuls, moins outillés, moins instruits, moins informés ? Je m'inquiète beaucoup du sort de ces enfants, de ces familles. Si vous saviez le nombre de personnes qui m'écrivent pour me dire qu'ils sont en attente d'un diagnostic. Je lis leur impuissance avec impuissance.

Il n'y a rien de comique là-dedans. J'ai beau essayer de faire une blague qui commence par « C't'une fois une travailleuse sociale, comprends-tu… », elle n'arrive jamais à être drôle.

Concrètement, je vais parler au *nous* si vous le permettez parce que nous sommes nombreux. Nous avons besoin de soutien, autant en ressources qu'en argent.

Savez-vous que, lorsqu'il y a un enfant handicapé dans la famille, beaucoup de couples se séparent ? Que dans la majorité des familles où il y a un enfant handicapé, qui exige plus de soins et d'attention, seulement un des deux conjoints travaille à l'extérieur et que cela appauvrit ces familles à un seul revenu ? Cette réalité est aussi la mienne : mon mari travaille à temps partiel, et je suis travailleuse autonome.

Lorsqu'un diagnostic d'autisme est posé, il devrait s'accompagner d'un suivi tricoté serré de la famille, ce qui, croyez-moi, éviterait l'isolement et bien des *burn-outs*.

Un guichet unique pour les services faciliterait considérablement la répartition des ressources et allégerait la structure de gestion actuelle, qui engloutit actuellement tellement d'argent qu'en fin de compte il laisse les familles sans services.

Je suis allée militer devant le bureau de la première ministre, j'ai agité ma pancarte et mes maracas. J'ai rencontré d'autres parents qui, comme moi, se sentent délaissés par un système qui préfère ne pas les voir. Nos enfants sont des autistes, peut-être des autistes non verbaux et un peu bizarres, je vous l'accorde. Mais ils ne sont pas invisibles. Et ils ne sont surtout pas des moitiés de citoyens. Ce sont des personnes entières, avec des besoins particuliers.

Oui, je m'enflamme.

Je ne veux la pitié de personne. Dernièrement, une dame m'a dit sur les réseaux sociaux que je parlais de mes fils uniquement pour me faire un «capital de sympathie». Pas besoin, madame, je suis déjà bien assez sympathique comme ça! Si j'utilise ma tribune, c'est pour sensibiliser et éduquer les gens, pour démystifier l'autisme. C'est pour des gens comme vous que j'en parle. Et souvent.

Au Gouvernement et aux preneurs de décisions, je dis ceci:

Cher Gouvernement,

Tu vas t'arracher les cheveux dans dix ans, lorsque tous ces parents d'enfants autistes seront épuisés et plus du tout productifs. Quand tu devras t'occuper d'adultes autistes sous-stimulés et qui n'ont pas atteint leur potentiel optimal.

Les diagnostics de troubles du spectre autistique sont de plus en plus nombreux. Alors je t'invite à sortir ta tête du sable et à entreprendre avec nous, les parents, une démarche constructive pour remettre sur pied un système qui boite, que dis-je, qui ne marche pas du tout.

Tu peux même venir bruncher chez nous un dimanche pour voir en personne ce qu'est l'autisme. On ne te mangera pas.

Je ferai des pâtes au beurre et des rôties au chocolat, mes enfants adorent ça. Je te raconterai l'autisme, tel que je le connais. Et, cher Gouvernement, si tu es gentil, Clovis te laissera écouter Dora l'exploratrice avec lui.

Tu vois, c'est plein d'espoir, ce que je t'écris.

Mes enfants, ma cause. Après tout, les enfants, ce n'est pas aussi ça, le bien commun ?

Au plaisir,

Guylaine Guay, citoyenne et mère

Croyez-vous que le Gouvernement viendra bruncher chez nous ?

15

Chapitre chanceux

On y arrive à ce chapitre bourré de bel amour et de romantisme où, après plusieurs années de célibat – volontaire à l'occasion, mais la plupart du temps forcé –, j'ai rencontré la perle d'homme. J'avais bien hâte de vous le présenter.

Je vous épargne ici les détails de mes autres relations, peu nombreuses d'ailleurs, qui n'ont pas survécu à un enfant de neuf ans qui mange du papier de toilette. Je n'en veux à personne.

Disons seulement que je préfère mille fois l'autisme à l'égoïsme et au narcissisme. Les hommes handicapés du cœur, je n'ai plus de temps pour ça.

Avais-je vraiment besoin d'un homme, après tout ?

Je suis autonome financièrement, j'ai un permis de conduire en bonne et due forme et j'ai une vie sociale et familiale bien remplie. Pourquoi aurais-je besoin d'un homme, hein, pourquoi ?

Pour installer des tablettes ? J'ai des amis pour ça.

Pour l'amour, la tendresse, la compréhension, l'admiration mutuelle, le don de soi, les projets communs ?

Petit temps de réflexion.

Ah oui, ça…

Silence et introspection.

Mais où trouver un homme fort et tendre à qui je pourrais confier mes secrets, mes angoisses et mes enfants ? Qui comprendrait que mon plus jeune porte encore une couche ?

Où trouver un gaillard qui dirait de manière désinvolte : « L'autisme ? Ça m'intéresse. On emménage quand ? » À qui pourrais-je dire sans gêne : « Ah oui, en passant, mon amour, Clovis dort dans la garde-robe parce qu'il aime les petits espaces » ? Et qui ne se sauverait pas quand j'ajouterais : « Oui, mon amour, c'est bien sur un lit de camping gonflable qu'il dort, parce qu'il mange la mousse de son matelas… »

Où pourrais-je trouver cet homme, ce demi-dieu ?

Mission impossible. Je ne le trouverai jamais. Dossier réglé. Vite au centre commercial que je me procure mon macaron *Maman de deux adorables enfants autistes et vieille fille pour toujours.*

Mieux vaut en rire.

C'est arrivé un soir où j'avais cuisiné deux repas différents : des pâtes au beurre et huit sandwichs grillés au fromage. Les enfants gazouillaient dans leur lit, et par *gazouillement* je veux dire cris de joie et tapes sur les murs (pauvres voisins.).

Une soirée typique, quoi !

Je naviguais sur un réseau social fort populaire qui commence par « F » et finit par « book », et un barbu m'a fait une demande d'amitié, comme on dit dans le jargon du réseautage.

Son nom : Steve avec juste un « e ».

J'ai dit oui.

Et quand je dis que j'ai dit oui, j'ai vraiment dit oui. Je l'ai épousé.

Imaginez-vous donc qu'on s'était rencontrés quinze ans auparavant par l'entremise d'une amie commune. Je me rappelais vaguement cette rencontre de quelques minutes, mais lui s'en souvenait clairement, oui.

En 2011, nous sommes allés prendre un premier café. Ensuite, il y en a eu un deuxième. Et un troisième. En bonne saboteuse d'amour, je l'ai repoussé cent fois.

Puis, quand la peur s'est estompée, j'ai entrouvert la porte.

Un soir, en partant de chez moi après notre septième café, il m'a fait un câlin dans le cadre de porte. Jamais je ne m'étais sentie autant en sécurité. Si petite dans ses bras immenses. C'est certain, j'allais l'aimer.

Je l'aimais même peut-être déjà.

Il habitait les Laurentides. Je trouvais très romantique de prendre l'autobus pour me rendre jusqu'à lui. Ni lui ni moi n'avions de voiture à l'époque.

Plus je le voyais, plus je le trouvais beau. Mon barbu du Nord qui sentait l'épinette. Mon homme fort et tendre. Un homme au cœur si beau que j'en ai les yeux pleins d'eau juste à l'écrire. Et lui m'a trouvé belle.

C'est beaucoup, non ?

Comme il n'avait pas d'enfants à lui, les miens sont devenus les siens.

Si ce n'est pas de l'amour, ça.

Il aime mes enfants parce qu'ils sont originaux. Malgré la complexité de leur comportement, il aime la simplicité de notre vie. Je vous le dis, il est parfait pour nous.

Je l'aime pour son ouverture d'esprit, pour son courage, pour sa force et sa tendresse, pour sa belle barbe, pour tout l'amour qu'il a dans les yeux, pour son sens du devoir, pour le respect qu'il a envers mes enfants, pour sa curiosité.

Je l'aime parce qu'il m'aime comme je suis. Parce qu'il nous aime comme nous sommes.

J'ai bien fait de l'épouser. J'avoue avoir été surprise lorsqu'il a demandé ma main après seulement quelques mois de fréquentations. Moi, Guylaine, quarante-trois ans, humoriste à la pige, obèse et propriétaire de deux fils autistes ?

Allais-je vraiment dire non ? Mon discours intérieur : « Eh, ça passera pas deux fois ! »

J'ai donc ouvert toutes grandes les portes de grange de mon cœur pour y laisser entrer ce gars d'Abitibi aux grosses mains d'homme.

Surtout, je me laissais aimer. Pour la première fois, je crois. C'est complexe, un gros clown. Un autre livre sur le sujet s'impose.

J'allais me marier, moi !

Moi qui n'avais jamais envisagé ce scénario. J'allais me marier. À l'église, en robe ivoire et coiffée d'un voile.

Tout a déboulé.

Il nous fallait un nid puisque Steve habitait à Mont-Tremblant et moi à Montréal. Steve a quitté sa maison dans le Nord, son travail et ses amis pour se faire une vie avec nous.

Il est parfait.

En bel homme responsable qu'il est, il nous a trouvé une charmante maison de ville dans l'Ouest-de-l'Île de Montréal, à quelques minutes d'une merveilleuse école spécialisée. C'est vous dire s'il avait lu sur l'autisme et s'il comprenait l'importance d'une bonne école.

Il est parfait, je le répète.

Comme il était bon de me laisser guider, pour une fois, de partager les responsabilités familiales. De faire l'amour aussi. Disons-le, ça replace le bon chakra !

J'ai la garde des enfants, et les garçons habitent avec nous à plein temps. Papa beige vient un ou deux jours par semaine à la maison. Quand il est là, Steve et moi sortons au cinéma ou au restaurant, nous partons même en voyage juste nous deux. Une bonne entente qui offre du répit et de l'amour à tout le monde.

Une fois installés dans notre maison de ville dans l'Ouest-de-l'Île trouvée par mon futur mari, il fallait préparer le mariage. Un mariage à notre image : simple.

Je n'arrête pas d'être émue en écrivant ce chapitre. Je me trouve très chanceuse de vivre ce que je vis. Plus jeune, j'étais juste une boule, aujourd'hui je suis une boule d'émotions. Fin de la parenthèse hyperémotive.

Deux personnes qui s'aiment, une noce : 2 000 dollars. Heureusement, dans notre équation s'additionnaient imagination, créativité et humour.

L'amour, c'est gratis, mais pas la salle de réception, ni les invitations, ni la robe, ni le buffet, ni le... Je ne travaillais pas depuis quelques mois, Steve se cherchait un nouveau travail, et le déménagement avait épuisé nos ressources financières, alors il fallait trouver une solution pour couvrir les frais du mariage.

Des cœurs en papier mâché, oui, nous allions faire des cœurs en papier mâché! J'avais découvert la magie du papier mâché quelques années auparavant, quand j'avais été chroniqueuse bricolage dans une émission estivale. J'ai tout fait avec du papier mâché. Une experte, je vous dis.

Je me suis servie des réseaux sociaux pour partager mon projet de financement. «Cœurs en papier mâché à vendre, contribution volontaire. Merci de participer à notre bonheur.» Et nous avons ouvert l'usine à cœurs. Plus de cinquante d'entre eux ont trouvé domicile chez de bonnes âmes, de généreuses personnes qui ont participé à notre bonheur.

Je les remercie. Je crois fermement à l'entraide, au partage.

Je suis une «fille de Caleb». Je fais les choses comme dans le temps, je confectionne tout à la main: je raccommode les pantalons et les bas, je fais même du caramel maison à Noël pour les professeurs. Bref, je suis une «fille de Caleb» un peu pastorale, mais je suis convaincue que j'ai eu autant de plaisir à faire ces cœurs que les gens qui les ont achetés en ont eu à les recevoir.

L'amour ne se divise pas, il se multiplie. Je n'ai jamais été bonne en mathématiques, mais il y a longtemps que j'ai compris ça.

C'est donc dans la belle petite église de Saint-Jovite que nous allions nous marier. À l'automne. Premièrement, parce que j'ai toujours chaud et que me marier en juillet avec des ronds de sueur sur ma robe ivoire était hors de question ; deuxièmement, parce que les Laurentides en septembre, c'est magnifique.

J'étais très excitée à l'idée d'organiser mes noces, mais complètement dans le champ quant à la façon de le faire. Quoi de mieux dans ce cas que d'acheter un magazine de mariage ? En le feuilletant, je me suis rapidement rendu compte que notre mini-budget de 2 000 dollars n'allait pas nous mener bien loin. Le magazine s'est retrouvé au recyclage.

C'était simple, nous ferions les décorations nous-mêmes. N'étais-je pas l'experte en bricolage ? La « Martha Stewart du Dollarama » ?

Quel serait notre thème ?

À l'ancienne, ce serait. Une grande table pour cent personnes, une nappe de dentelles, beaucoup de fleurs dans de simples pots Mason et de la vaisselle ancienne dépareillée que nous achèterions tout au long de l'été dans les ventes-débarras et brocantes du Nord. Nous signerions cette vaisselle, et les invités pourraient partir avec leur couvert en guise de cadeau. Décor, réglé.

Il allait falloir nourrir famille et amis et nous n'avions aucune envie de nous battre avec un suprême de volaille rosé ou une viande trop cuite. Nous avons opté pour une table de desserts. Que du sucré pour un événement tout en douceur. Génial, non ? Sucre à la crème, tartes

Tatin aux pommes et aux poires, cakes au chocolat et à l'orange, bonbons… Et du café, beaucoup de café.

Pas d'alcool, pas de danse des mariés, pas de jarretelle, pas de D. J., juste du sucré.

Le gâteau de mariage? C'est moi qui l'ai fait. Deux étages de moelleux gâteau à la vanille avec un glaçage à la vanille. Vous auriez dû voir le visage de la caissière à l'épicerie lorsque, trois semaines plus tôt, elle m'a vue arriver avec mes huit boîtes de gâteau Duncan Hines et le même nombre de boîtes de glaçage fouetté blanc. Je n'étais pas peu fière de lui dire que c'était pour mon gâteau de mariage. À quand mon émission de cuisine?

Décorations, tables des invités, buffet de douceurs et gâteau de mariage : réglé !

La robe. Mon Dieu, oui, la robe…

Pour la robe, je me suis rendue dans des boutiques spécialisées, mais tout ce que j'essayais me faisait ressembler à une grosse meringue. Je n'aime pas la meringue, ni sur une tarte au citron ni sur mes fortes hanches. Ma robe, je la voulais courte et ivoire. Simple, il me semble? Eh bien non.

Finalement, j'ai tapé *robe cocktail vintage ivoire taille forte* sur un moteur de recherche et ma robe m'a trouvée. Une robe cocktail ivoire *vintage* taille forte juste pour moi. Et pour la modique somme de 119 dollars, frais de poste inclus. Tellement moi et tellement dans mon budget !

Lorsque ma robe de Californie est arrivée au bureau de poste – sous vide, dans son enveloppe huit et demi par onze – la dame au comptoir et moi avons bien ri à l'idée qu'il y avait dans ce si petit paquet la robe d'une grosse fille comme moi.

J'ai envoyé la robe faire un petit tour chez le nettoyeur pour la défriper, j'ai remplacé ses boutons de cuivre aux poignets par des perles, j'ai ajouté une fleur de soie ivoire à la ceinture, et hop, une robe sans meringue pour moi.

Un voile à 20 dollars trouvé sur un site web de vêtements recyclés, des boucles d'oreilles provenant d'une friperie et des souliers à 16,99 achetés durant les soldes «Tout doit être vendu» chez feu Zellers complétaient à merveille mon look de vedette des années 1950.

Ne restait plus qu'à suivre notre cours de préparation au mariage, cours obligatoire quand on se marie à l'église. J'ai beaucoup aimé ce cours et nous l'avons réussi haut la main.

Nous étions prêts à nous marier.

Le 29 septembre 2012, sous un beau soleil d'automne, entourés de nos familles et de nos amis, nous nous sommes mariés. Je suis entrée dans l'église au bras de mon père, beau dans son bel habit.

J'étais sublime, grâce aux bons soins de mon ami Richard qui m'a tout simplement magnifiée avec son maquillage et sa coiffure. Une reine, une princesse, une mariée. Je marchais dans l'allée, au bras solide de mon père, si fier et heureux pour moi. Si droit, mon père, si bon. J'allais me marier avec un homme exactement comme lui, précédée de mes demoiselles d'honneur, toutes belles.

J'avais un petit bouquet de roses roses dans les mains, que j'avais confectionné toute seule le matin même.

Mon Léo se tenait dans la première rangée, entouré de ses cousins. Mon Clovis, dans la deuxième rangée, entre mes amies Nadine et Martine, était plus sonore que jamais. Et un enfant sonore dans une église, ça résonne. Comme s'il disait à Dieu : «Tu m'as fait ainsi, tu vas m'entendre.» Et on l'entendait! Divin, cet enfant.

Je n'étais pas nerveuse, juste fébrile et heureuse. Comme transportée par un souffle chaud d'amour. Et par tous mes amis qui me souriaient.

Les étoiles dans les yeux de mon futur époux, là-bas au bout de l'allée, me donnaient des ailes. Il était beau.

Nous nous sommes mariés. Dans la simplicité et les douceurs. Avec seulement 2 000 dollars. Moi, Guylaine, en robe ivoire, j'ai dit oui à l'homme qui n'avait peur de rien, même pas d'une famille.

J'en vaux la peine. J'en vaux la joie.

16

IL EST AUTISTE, MADAME, LE VOULEZ-VOUS ?

Avoir des enfants handicapés est une expérience unique. Je ne me suis jamais posé la question *Pourquoi moi ?* Je ne me pose jamais ce genre de questions. *Pourquoi est-ce que je frise naturellement ? Pourquoi ai-je un physique de lutteuse ? Pourquoi est-ce que j'ai un duvet facial ?* Les réponses ne m'intéressent pas vraiment. J'ai un degré très élevé d'acceptation et j'ai surtout le *Bon, qu'est-ce qu'on fait maintenant ?* très développé.

Depuis plus d'un an, je donne des conférences sur l'estime de soi, la résilience et la simplicité dans tout le Québec. Je parle beaucoup de mes enfants dans mes conférences, parce qu'ils sont de formidables outils d'éducation populaire. Incroyable de voir autant de gens touchés par la différence de mes poussins !

Je souhaite que ce livre ait le même effet sur vous. Voyez-le comme une petite fenêtre ouverte sur notre maison. (Ne regardez pas le ménage, par contre.) Mon vœu est que vous tombiez amoureux de mes enfants comme je suis tombée amoureuse d'eux. Il m'a fallu un certain temps pour y arriver, alors je n'exige pas de vous un coup de foudre, mais plutôt un attachement graduel, une compréhension grandissante de la différence. De toutes les différences. Je parle beaucoup de mes enfants, mais quand je parle de différence, je parle de tous ces enfants différents, de ces ados différents, de ces adultes différents, de ces personnes âgées différentes. Parce que vous savez quoi ? Ça vieillit aussi, ce beau monde-là !

Si mes mots peuvent vous faire sentir toute la tendresse que j'éprouve pour ces extraterrestres, je mettrai une étoile à mon cahier. Chez vous, évidemment, je sens une ouverture puisque vous me lisez. Cependant, je sais que la route de l'acceptation de la différence est encore longue et qu'encore beaucoup de gens au cœur dur portent des jugements sans raison.

Quelquefois, lorsque je suis à l'épicerie avec Clovis, j'ai droit aux regards râpeux d'une dame qui trouve mon fils un peu trop bruyant à son goût. Parfois, je ne dis rien et je fais semblant de ne rien voir ni entendre. Que voulez-vous, je ne suis pas toujours assez en forme pour aller au front. Mais, en de rares occasions, quand la personne manifeste juste un peu trop de zèle à vouloir gâcher ma journée, je lui dis : « Il est autiste, madame, le voulez-vous ? »

C'est la phrase que je dis aux *madames*. Je ne sais pas pourquoi, mais ce sont souvent des *madames*, ces impatientes et ces ignorantes qui croient leur temps si précieux, qui ont une discussion futile au téléphone et qui n'apprécient pas le talent de musicien de mon fils. Clovis tape pourtant parfaitement la mesure de *Frère*

Jacques sur le tapis d'épicerie où roulent les produits alimentaires à la caisse. Même la caissière est impressionnée par sa virtuosité d'exécution rythmique.

Je répète : « Il est autiste, madame, le voulez-vous ? », parce que, en général, je n'obtiens pas de réponse la première fois. Cette phrase, je m'en sers habituellement après le troisième soupir de ladite dame (ou de la maudite dame, c'est selon) et tout juste après son premier roulement d'yeux dans le beurre, des yeux de *madame* qui virent à l'envers.

Si vous me lisez, vous, madame qui avez eu droit à cette boutade à l'épicerie, au garage, au restaurant ou dans tout autre endroit public, sachez que votre regard alourdit beaucoup la situation de mes enfants. Vous êtes bien triste, madame.

Je dois avouer que le visage crispé des *madames* quand je leur offre ma progéniture atypique est assez comique à voir. Quelquefois, elles soupirent de nouveau en détournant leur regard ; quelquefois, elles me traitent de mauvaise mère. Plus triste encore, il arrive que leur mari s'excuse à leur place. Je ne voudrais pas être en couple avec vous, mesdames !

Pour être bien franche, madame, je ne vous laisserais jamais mon enfant. Même pas une minute : si votre tristesse était contagieuse ? Je le garde, mon autiste.

Et vous, madame, j'espère ne jamais revoir le gris de vos yeux. Salutations à votre mari qui, d'ailleurs, aurait bien pu me dire : « Je suis marié avec elle depuis trente ans, la voulez-vous ? »

Je me demande bien qui est le plus dans sa bulle ? Mon fils autiste ou les gens si pressés qu'ils oublient que la vie est un cadeau ?

Un matin, comme tous les matins, j'attendais l'autobus scolaire de Clovis. Ma bibitte d'habitude a sa routine : nous sortons de la maison, nous marchons jusqu'à la borne-fontaine puis revenons sur nos pas. Nous recommençons le même manège jusqu'à ce que l'autobus arrive. Yvon – notre sympathique chauffeur, que dis-je, l'ange qui conduit huit petits extraterrestres tous les matins aux portes de leur école spécialisée – met ses clignotants, et j'entre comme d'habitude dans l'autobus avec Clovis. Ce jour-là, au moment où je déposais sa boîte à lunch sur le banc, une voiture a klaxonné. Quelqu'un klaxonne un autobus scolaire ?

J'ai dit à Yvon, qui s'apprêtait à intervenir : « Laisse tomber, mon Yvon, je m'en occupe. » Je suis descendue de l'autobus, j'ai fait signe à la dame si pressée dans la voiture de baisser sa vitre et je lui ai demandé : « Y a-t-il un problème, madame ? » Elle avait elle-même deux enfants d'âge scolaire assis sur la banquette arrière.

« C'est que c'est long ! Pourquoi entrez-vous dans l'autobus avec votre fils ? Il n'est pas capable tout seul ? » me reproche-t-elle en mangeant son déjeuner au volant. Pour parler en « Léo », j'ai bien cru que mon volcan allait exploser ! Mon monologue intérieur me répétait : « Avec amour et tendresse, ma Guylaine, avec amour et tendresse. »

« Non, madame, il n'est pas capable tout seul. Il est autiste, et tout changement à sa routine peut provoquer une rupture de fonctionnement. Chère madame, j'entre dans l'autobus, j'accompagne mon fils jusqu'à son banc, je mets toujours sa boîte à lunch à côté de sa jambe, son sac à dos sur le bord de l'allée, je salue les sept autres autistes dans l'autobus et ils me répondent soit par signes, soit par mots, puis je souhaite une bonne journée à Yvon le chauffeur et je sors. Ce processus dure environ deux minutes. Ces deux minutes font en sorte que mon fils et moi passons une belle journée. Et vous, vous klaxonnez? J'espère que mes éclaircissements vous aideront à comprendre pourquoi certains parents entrent dans l'autobus scolaire et que vous ne les klaxonnerez plus jamais, madame. Bonne journée!»

Que ça m'a fait du bien! J'ai passé une belle journée.

N'ayez crainte, il n'y a pas que de vilaines *madames* gris foncé à l'épicerie ou au volant. Il y a ceux et celles qui arrêtent leur course folle pour nous poser cette simple question: «Qu'est-ce qu'il a, votre fils?»

Ils disent souvent *votre* fils, parce que les regards et commentaires sont souvent attirés par Clovis, qui est plus sonore, disons.

«Qu'est-ce qu'il a, votre fils?

— Il est autiste.

— Ah, oui? On en connaît, nous aussi!»

Et la barrière de la différence vient d'être franchie. Un simple échange, un sourire, une ouverture d'esprit.

Je ne vais sûrement pas cacher mes enfants pour quelques *madames*. Je préfère mille fois les questions franches à l'anguille sinueuse des jugements sans fondement. Je choisis mes batailles. C'est mon Léo qui m'apprend à être un chevalier et, comme lui, à toujours dire la vérité.

17

Mes intrigantes bibittes

Il y a quelques années, un collègue de travail m'a dit que je n'avais pas l'air de quelqu'un qui a des enfants handicapés.

Silence. Questionnement.

De quoi a l'air quelqu'un qui a des enfants handicapés ? Aurais-je dû avoir des boutons mauves sur le visage ? Un nez de sorcière ? Des antennes ? Un costume folklorique particulier ?

Malgré la maladresse de l'intervention de cette personne, je comprenais le sens de sa remarque. J'étais de bonne humeur, enjouée, drôle. Un parent d'enfants handicapés, ça n'a pas toujours les yeux bouffis de larmes ? Eh bien, non. Je vous vois acquiescer, vous, les autres parents dans le même bateau que moi : on pleure parfois, mais on ne pleure pas toujours ! Comme vous, parents d'enfants neurotypiques (ça veut dire normaux) comme vous, grands-parents, oncles, tantes, cousines et cousins.

Quand on aime, on pleure parfois, c'est aussi simple que ça.

Quand on aime, on rit aussi. Que nos enfants soient handicapés ou neurotypiques, ils sont une source intarissable de joie, de bons mauvais coups, de fous rires instantanés, d'amour combustible. L'écrire me donne des frissons et me rappelle combien je suis chanceuse. Vous êtes chanceux aussi, je le sais. L'amour, c'est bon sans mascarade.

Pas de boutons mauves sur le visage, pas de nez de sorcières, pas d'antennes, pas de costume folklorique particulier. Juste de l'amour. Avec l'inexplicable envie de donner le meilleur de soi.

Mes enfants, sans vraiment le savoir, sont généreux de leur simplicité. Et authentiques. Vous en connaissez beaucoup, vous, des enfants qui font aveuglément confiance à leur mère?

Mon Léo me fait tellement confiance que, chaque année, il me confie le délicat mandat de faire son costume d'Halloween. Ça semble anodin, mais on parle de Léo ici, un perfectionniste passionné de jeux vidéo et d'histoire. Alors, quand il me demande de lui faire un costume de Spartan, par exemple, et qu'il en connaît les moindres détails, qu'il prend des photos du Spartan en question et qu'il me passe sa commande au mois de mai – oui, il me commande son costume d'Halloween au mois de mai, c'est la coutume du costume, ici –, eh bien, je dois livrer la marchandise. Depuis plus de dix ans, je confectionne des costumes parfaits. Selon Léo, je suis la maman-faiseuse-de-costumes-parfaits (ce n'est pas moi qui le dis)! Cette histoire, bien que réelle, n'est qu'une image pour vous dire à quel point notre quotidien est fait de demandes et d'anecdotes étranges.

La perception qu'ont mes enfants de la réalité donne une tout autre couleur à notre vie. Un arc-en-ciel de différence.

Comment expliquer à mon beau Léo, treize ans, passionné par un dessin animé mettant en vedette de petites pouliches roses et mauves, que ce ne sont pas tous les amis du secondaire qui aiment autant les pouliches ?

Comment expliquer à mon Clovis que les Mister Freeze bleus ne sont pas la meilleure source de vitamines et minéraux ?

Comment faire comprendre à Léo les aléas et les plaisirs de la puberté ?

Comment sensibiliser mon Clovis à la sensibilité des autres quand il enlève son maillot dans une piscine publique, créant tout un émoi auprès des autres baigneurs ?

Je ne sais pas moi-même, bien franchement.

Ce que j'apprends au fil des ans, c'est que, lorsque je me lève le matin, je dois m'attendre à tout. La journée sera peut-être paisible, ou peut-être riche en rebondissements.

J'apprivoise le côté imprévisible de l'autisme non sans frousse.

Comme cette fois où je suis entrée dans la chambre de Clovis pour fermer sa lumière et lui souhaiter bonne nuit et que j'ai remarqué qu'il y avait une chaise plantée devant la fenêtre. Cette chaise n'était pas là quelques minutes plus tôt : c'était louche.

Mon cerveau s'est mis à analyser la situation à la vitesse de l'éclair. J'ai compris très rapidement qu'il venait de manger tout le scellant que mon Steve avait appliqué autour du climatiseur ce matin-là. Vous savez, cette glu toxique qui sent mauvais ? Clovis venait d'avaler l'équivalent d'un tube de produits chimiques en guise d'exploration sensorielle. Moi, je ne sentais plus rien. Je devais agir vite. En moins de cinq minutes, nous étions habillés et dehors à attendre un taxi. Direction : l'urgence !

J'ai appelé mon mari pour l'aviser de la situation. Jusque-là, j'étais encore un peu calme, comme engourdie par trop d'émotions.

Steve revenait du travail et était à quelques rues de la maison. J'ai pris un taxi avec Clovis et, lorsqu'on a croisé Steve sur le chemin, c'est lui qui a pris ma place et qui l'a accompagné à l'hôpital.

Moi, à l'hôpital, je deviens blanche et très peu fonctionnelle.

Je regardais la voiture s'éloigner avec à son bord deux des hommes de ma vie et je me suis mise à pleurer comme une Madeleine au milieu de la rue, avec la bicyclette de Steve entre les mains et la certitude de ne plus jamais revoir mon Clovis.

J'ai marché vingt minutes avant de rentrer à la maison. À mi-chemin, une crise d'angoisse m'a frappée de plein fouet. J'ai appelé l'intellectuel beige pour lui raconter la situation, mais surtout pour qu'il m'accompagne en mots jusque chez moi.

Quelle soirée absurde !

Aussitôt arrivée, mon téléphone sonne : c'est Steve.

« Guylaine, je ne veux surtout pas t'inquiéter, mais le médecin doit absolument savoir quels sont les ingrédients du produit. Peux-tu trouver le tube… maintenant ?

— Oui. »

Le scellant avait été posé en matinée. J'ai alors vidé le sac-poubelle pour trouver le tube.

« Ce n'est pas dans le sac, chéri !

— C'est vrai, j'ai changé le sac. Il faudrait que tu ailles voir dans le conteneur à déchets du complexe. »

Sans réfléchir, en pyjama et nu-pieds, j'ai littéralement sauté dans le conteneur.

Guylaine l'éventreuse de sacs.

Les ordures virevoltaient, et, moi, je récitais tous les sacres. Un voisin est sorti pour me dire qu'il allait appeler la police. Il n'aurait pas dû. Je lui ai balancé le plus senti des « *Fuck you !* ». Désolée, monsieur, mais j'ai un tube à trouver et un enfant intoxiqué au possible.

Après quelques minutes de carnage ordurier, j'ai trouvé le précieux tube. C'est vous dire combien j'étais heureuse et puante.

Je transmets l'information au médecin puis je retourne à la maison.

Léo m'accueille sur le seuil de la porte avec un chaleureux « Guylaine, tu es vraiment répugnante. Ah, tu as trouvé le tube. Bravo ! ».

Vingt longues minutes se sont écoulées avant que le téléphone sonne à nouveau.

« Chérie, tout va bien, ils ont fait des prises de sang, les organes sont intacts. Ils vont nous garder une heure et ensuite on rentre à la maison. Je t'aime. »

Je n'ai jamais été aussi soulagée et sale.

Clovis est revenu à la maison vers minuit, enjoué, sans vraiment comprendre qu'il avait failli perdre sa mère dans un conteneur à déchets.

Je n'ai même pas pris de douche ce soir-là. Mon fils était sain et sauf, c'est tout ce qui comptait.

18

LES PLUS BELLES VACANCES DE MA VIE

Je venais de passer plusieurs années sans voyager et j'étais maintenant bien mariée. Il n'en fallait pas plus pour que l'idée d'aller à la mer avec ma famille vienne se tailler une belle place sur la plage de mes projets.

Avant, je n'aurais jamais envisagé un périple en voiture toute seule avec mes enfants, mais avec Steve tout devenait possible, même rouler vers l'inconnu. Soyons francs, voyager avec des enfants dits «normaux», c'est déjà un défi, alors pour nous, quitter la maison et laisser ordinateur, iPad, iPod, toutous, doudou et tout derrière nous pour partir à l'aventure, eh bien, c'était… l'aventure.

La décision était prise, nous passerions une semaine de vacances dans le Maine.

Réaction de Léo : «Cool.»

Réaction de Clovis : «Hiiiiiiiravohiiiiiii.» (Bruit de bouche qui n'exprimait pas nécessairement une émotion liée à l'annonce que je venais de faire mais qui manifestait un bonheur certain.) Heureusement qu'il y avait Steve pour exprimer avec plus de trois voyelles et quatre consonnes son plaisir à l'idée de bourlinguer avec femme et moussaillons jusqu'à l'océan.

J'ai toujours aimé la mer. J'ai fait sa rencontre pour la toute première fois à dix-huit ans, à Cuba. Je me revois, les deux jambes bien plantées dans le sable, à contempler l'infiniment bleu, mon baladeur jaune sur les oreilles et une chanson de The Cure pour ajouter à la magie du moment.

Mes enfants avaient déjà vu la mer quelques années plus tôt, mais ils étaient si petits et encore si peu… autistes.

Cette fois, nous allions faire le voyage avec quelques rigidités dans nos valises. Qu'à cela ne tienne, nous avions un bon capitaine.

Nous étions prêts à tout et à rien. Nous partions sans attentes. S'il avait fallu que nous revenions pour quelque raison que ce soit, nous l'aurions fait.

Voyager dans le bonheur du moment présent.

Puisque nous allions en vacances aux États-Unis, nous avions besoin de passeports pour les enfants. Et qui dit passeport dit photo de passeport. Pour des familles typiques avec des enfants typiques, un petit quinze minutes à la pharmacie ou dans un studio de photo suffit. Pour nous, ce fut quelque peu différent.

Au comptoir, pendant que la gentille jeune fille sortait son appareil photo, je lui ai expliqué que les garçons étaient autistes. Elle m'a souri. Pour Léo, la tâche a été relativement simple. Léo est un autiste, mais il est avant tout un adolescent : s'asseoir et avoir l'air bête deux minutes ne lui a pas demandé trop d'efforts. Une petite lingette pour enlever l'excédent de sébum, quelques flashs… La photo était prise.

Et de un.

La gentille jeune fille souriait toujours. Au tour de Clovis-la-toupie, l'enfant qui n'est jamais immobile. Il a fallu dix bonnes minutes juste pour qu'il prenne place sur le tabouret. J'avais déjà chaud. Léo, lui, voulait partir. Steve était accroupi aux pieds de Clovis pour tenter de le maintenir immobile. La gentille jeune fille souriait moins. J'ai donné 20 dollars à Léo pour qu'il aille acheter du chocolat. Pendant qu'il mange, en général, il ne parle pas. Cinquante photos ont été prises dans la demi-heure qui a suivi. Les clichés de Clovis : Clovis la bouche ouverte, Clovis les bras dans les airs, Clovis les yeux fermés, Clovis à côté de la chaise, les mains de Steve dans le cadre…

Malheureusement, les directives pour les photos de passeport sont très strictes. Jusque-là, celle de Clovis échouait lamentablement au test. Bref, après toutes ces tentatives, la jeune fille, qui ne souriait plus du tout, m'a donné l'appareil photo : « Essayez donc, vous, madame. »

Trempée de sueur, je suis devenue directrice photo. Clovis s'est levé : il voulait me donner des câlins, Steve l'a rattrapé. Léo se bourrait la face de chocolat. Les ronds de sueur s'agrandissaient sous mes bras.

Un cirque. Ma famille est un cirque.

J'ai demandé à la blague (mais pas tant que ça) si, par hasard, nous n'aurions pas des serre-câbles dans la voiture pour attacher Clovis sur le tabouret. Steve a ri, la petite caissière, elle, n'était pas certaine de mon humour douteux, et Léo, entre deux bouchées de chocolat, m'a rappelé que ce n'était pas gentil d'attacher ses propres enfants.

Nous n'avons pas attaché Clovis, finalement.

La séance a duré une heure vingt en tout. J'ai couru un marathon cette journée-là. Une photo, une sur deux cents, semblait réunir les critères d'une bonne photo de passeport. Les yeux de Clovis étaient presque ouverts, sa bouche était presque fermée, il était presque assis et on ne voyait presque pas Steve à l'arrière. Ce serait celle-là. Clovis y avait l'air d'un petit singe qui fait la grimace, mais ce serait celle-là. Vite, dans la voiture, qu'on mange du chocolat, nous aussi !

Le lendemain, je me suis présentée, seule et non suante, au bureau des passeports, où la gentille dame au comptoir m'a dit : « Ah, votre fils est autiste ! Saviez-vous qu'il y a une dérogation pour les personnes handicapées et que les critères d'admissibilité des photos sont beaucoup plus souples pour elles ? » Non, je ne le savais pas. Clovis devrait faire sa face de singe lorsque nous passerions à la douane, question de bien ressembler à sa photo de passeport !

C'est donc armés de nos passeports encore chauds, de quelques vêtements de rechange, d'une trousse de premiers soins et de nos larges sourires que nous sommes partis, en ce beau matin d'août, en vacances dans le Maine.

Nous allions vivre nos premières vacances en famille depuis notre plus nouvelle et fantastique acquisition : Steve. Celles qui allaient être, comme le dit si bien le titre de ce chapitre, les plus belles vacances de ma vie. De nos vies.

J'avais loué un petit chalet rustique et abordable au bord de la mer, dans une ville de l'État du Maine qui m'était jusque-là inconnue : Belfast. Pas l'Irlande, le Maine. J'ai une bonne étoile au-dessus de ma tête quand j'achète des choses par Internet ; à ce jour, pas de mauvaises surprises. Je touche du bois.

Partir en voiture avec les garçons, c'est merveilleux : pas de télé dans la voiture et pas d'appareils électroniques. Juste des livres, le paysage et beaucoup de croustilles !

Quoi ? On est en vacances.

Des heures de route, des dizaines de livres, des kilomètres de beaux paysages, des kilogrammes de croustilles de toutes les saveurs et de toutes les couleurs, puis Belfast, Maine.

Comme un rêve.

En bordure de la route, une petite maison blanche et bleue nous souhaitait la bienvenue. Derrière la maison, un rêve : une colline qui menait directement à la mer.

Comme dans les films.

Mieux encore, exactement comme les photos que j'avais vues sur le site internet de l'endroit. Pas de frime, pareil pareil.

Et ce vent qui sent le sel. J'étais heureuse comme un poisson dans la mer.

Deux dames très âgées nous attendaient à la réception d'une petite maison blanche et bleue, en haut de la colline qui surplombait la mer.

Et ce vent qui sent le sel…

Je crois, à voir leur complicité, que les deux dames formaient un couple. Il n'en fallait pas plus à mon imagination galopante pour les imaginer en train de manifester pour les droits des homosexuels en 1950. Je les trouvais belles et fortes, ces deux dames. On sentait qu'elles avaient traversé bien des orages. Je les aimais déjà.

Puis, nous avons fait connaissance avec notre petit chalet rustique. Blanc et bleu, lui aussi, et agrémenté d'un immense balcon avec vue sur la mer. Nous étions en haut de la colline. Cette vue, ce vent, cette chaleur humaine. Un chalet à notre image : simple. Une petite cuisine, une petite salle de bain, une chambre à coucher et un énorme divan bleu et blanc où nous allions nous échouer pendant une semaine.

Une plage, quelques balançoires, beaucoup de homards et le fait d'être tous les quatre réunis sous un modeste toit aux abords de l'océan. Je ne vois pas le bonheur en d'autres couleurs que bleu et blanc.

Le troisième jour de notre séjour, à la plage, quelque chose de magique s'est passé.

L'eau de la mer était glacée, absolument glacée. C'est la fille qui a habité un an au Nunavut qui vous le dit. Si froide que lorsqu'on y entrait on avait l'impression d'avoir des crampes aux mollets.

Nous étions dix personnes sur la plage, mais il n'y en avait que quatre dans la mer : mon Clovis qui explorait roches et coquillages, un jeune adulte qui flottait sur son matelas et des jumeaux d'environ dix ans qui jouaient à la « tague glacée », j'imagine !

Nous, les parents, nous étions sur le sable, à surveiller nos marmailles respectives en les trouvant bien courageuses d'être dans l'eau.

Moi, j'observais.

Ce jeune adulte sur son matelas qui faisait des sons étranges avec sa bouche, mon Clovis qui faisait des sons étranges entre deux découvertes de coquillages et ces jumeaux qui avaient des comportements que je connaissais...

Soudain, j'allume.

Ils étaient tous autistes!

Ce jour-là, à Belfast, dans le Maine, les astres avaient réuni dans une mer glacée quatre belles étoiles. Comme un signe que nous étions à la bonne place, au bon moment. Quatre enfants-lunes se retrouvaient sous nos yeux. Les miens plein d'eau.

Et là, la rencontre avec les autres parents, les conversations sur leur parcours, leurs victoires, leurs défis, leurs inquiétudes, leurs enfants. Sur la même plage, en même temps, trois familles vivant les mêmes choses.

Voir ce grand jeune homme autiste de vingt ans se balancer aux côtés de mon Clovis. Voir ces jumeaux jouer à la cachette avec Léo. Voir ces parents regarder leurs enfants avec la même tendresse que moi.

À ce jour, j'en suis encore émue.

Magique, je vous l'avais dit.

19

MOI

Toi, Guylaine, comment vas-tu ?

Ah, c'est gentil de le demander ! Je vais bien, merci. Au moment où j'écris ces mots, je me sens incroyablement paisible. Depuis que j'ai compris que vivre des choses difficiles me donnait envie de fuir, je ne fuis plus. Je vis.

Je me sens, bien franchement, en transformation profonde. Attendez de voir le beau papillon qui va sortir ! C'est comme si j'accédais enfin à mon vrai moi. Plus je me rapproche de mon cœur, plus je sens de la douceur. Je considère être, en toute humilité, une bonne personne, mais cette nouvelle Guylaine qui émerge est encore plus authentique. J'embrasse, que dis-je, je *frenche* mes imperfections, mes vulnérabilités. Je demande de l'aide quand j'en ai besoin, un gros pas pour la grande indépendante autonome que je suis.

Est-ce à cause de mes enfants, tout ça ?

Oui, j'en suis certaine. Je n'étais pas aussi patiente, ouverte d'esprit et aimante avant eux. Même que je n'étais pas aimante du tout. Je me sauvais à la première peur, à la première crainte, parfois même au premier bonheur.

J'ai appris la persévérance. J'ai apprivoisé la générosité. J'ai fait de l'œil à la résilience et j'ai compris le sens du mot courage. J'imagine que j'ai toujours eu tout ça quelque part, bien caché en moi, et que mes enfants n'ont fait que déterrer le trésor. Mes enfants qui valent de l'or. Mes bijoux de famille.

Autisme est un mot qui m'a déjà fait pleurer, rager, qui m'a même rendu pessimiste, moi qui ne le suis d'ordinaire jamais.

L'autisme ne me fait plus peur. Je t'ai dompté, toi, le gros méchant lion de l'autisme. Tes rugissements ne me font plus frémir, j'arrive même à te flatter dans le sens du poil.

J'ai été transformée par l'amour. Celui de mon mari, celui de mes enfants. Tout ce que je ne voulais pas, mais qui m'a voulue. En disant oui à tout ça, je me suis dit oui à moi-même. Ouvrir mes bras et mon cœur n'était pas du tout organique chez moi, mais une force plus grande que ma résistance a décidé qu'il en serait autrement.

Tout cet amour actuel panse bien des blessures du passé. Je le savoure tous les jours, je prends des bouchées doubles.

Durant la dernière année, j'ai éprouvé des problèmes de santé. Un gros mal de ventre qui persistait depuis plusieurs jours m'a amenée à l'urgence. Et il faut vraiment que j'aie mal pour aller à l'hôpital. Une échographie a révélé des pierres dans ma vésicule biliaire. Rien de surprenant, tous les membres de ma famille ont eu des pierres à la vésicule biliaire. La chanson dit

« J'ai reçu l'amour en héritage », eh bien, moi, j'ai reçu les pierres !

On m'a envoyée chez un chirurgien, qui m'a fait passer d'autres tests : il avait vu une tache sur mon foie.

Une tache sur mon foie ? Il m'a dit de ne pas trop m'inquiéter.

Pas trop m'inquiéter et *tache sur le foie* ne cohabitent pas trop bien dans la même phrase. Devinez ce que j'ai fait en arrivant à la maison ? J'ai, bien sûr, *googlé* « tache sur le foie ». Je n'aurais pas dû. J'avais sûrement une cirrhose. Au pire, un cancer. Au mieux, une tumeur.

Mauvaise idée que de confier ma santé à un moteur de recherche. J'allais mourir, c'était certain. Et mes enfants que j'aimais tant ? Et mon mari ? Est-ce que j'avais des assurances ? Beaucoup de questions, mais un seul Google.

Le médecin m'avait prévenue de faire bien attention à mon alimentation. Je ne l'ai pas écouté à moitié. Changement draconien de mode de vie. Steve et moi sommes devenus végétaliens du jour au lendemain. Pas de viandes, pas de produits laitiers, pas d'œufs, mais une abondance de légumes, de fruits, de noix, de légumineuses, de soya et d'autres superaliments.

Vous devez vous dire : « Que ça a dû être difficile, ma belle Guylaine !… »

Étonnamment non. Je ne voulais pas mourir, point. Au début, chaque fois que je sentais l'arôme du bacon ou d'un poulet sur la broche, je pensais à la tache sur mon foie et l'envie passait. J'ai perdu une vingtaine de livres, et mon Steve, presque cinquante. Oui, cinquante ! Ça perd donc bien vite du poids un homme, hein, mesdames ?

Une fois que nous avons été délivrés des livres qui nous pesaient, notre niveau d'énergie a augmenté de façon considérable. Et c'est bon aussi pour la libido. Je n'en dis pas plus, je vous laisse à vos scénarios fantasmagoriques !

Pour la première fois de ma vie, je me sens vivante et à la bonne place. Je ne veux pas que ma santé en décide autrement.

Récemment, après une échographie, le chirurgien m'a annoncé que la tache avait disparu et m'a conseillé de continuer à faire ce que je faisais. À vos ordres, docteur ! Tous les matins, quand je bois mon jus vert, un petit mélange céleri, fenouil, pamplemousse rose, gingembre et curcuma, je me dis que c'est vraiment bon de prendre soin de soi.

Pour répondre à votre question, je vais très bien.

20

L'AVENIR OU LE CHAPITRE DIFFICILE À ÉCRIRE

Bon, maintenant que je suis bien décidée à ne pas mourir, il faut bien penser au moment où je partirai. Malgré mon absorption massive de légumes en tous genres, un jour je laisserai ma place sur terre à une nouvelle âme. Dans bien longtemps, j'espère, mais je vais mourir quand même.

Juste à écrire ces mots, mes yeux s'embrument. Personne n'aime penser à la mort, c'est mortel. Mais elle se pointe sans invitation. Mourir, si j'étais seule au monde, ne serait qu'un passage vers ailleurs, mais quand on a des enfants handicapés, ça devient une grande source d'anxiété.

Même si j'essaie le plus possible de garder les pieds fixés dans le présent, les perspectives d'avenir pour mes enfants restent nébuleuses. Les services aujourd'hui offerts étant inadéquats, puis-je espérer que la situation aura évolué dans trente ans ?

J'ai un fils autiste non verbal qui ne sera jamais autonome. Imaginez vos enfants autistes non verbaux et non autonomes, comprenez-vous ce que je ressens ? Je suis très inquiète pour son avenir.

Et mon Léo, lui, autiste de haut niveau qui aura toujours besoin que quelqu'un lui rappelle de payer ses factures, de se laver ou de manger autre chose que des croustilles. Existe-t-elle, cette personne ?

L'avenir.

Mot aux mille fenêtres de possibilités quand on a des enfants neurotypiques. Sur une musique festive, imaginer études, succès, mariage et famille. Quand on a un ou des enfants handicapés, la musique n'est pas au rendez-vous.

Qui prendra soin de mes enfants ? Qui en voudra plus tard si personne ne les veut maintenant ? Qui donnera des vitamines à Clovis ?

Qui, qui, qui ?

Vous comprendrez que je pense à l'avenir de mes enfants très peu souvent. Impossible d'y penser sans verser une *mère de larmes*.

En ce moment, au Québec, il existe très peu de maisons d'hébergement pour adultes autistes. Pas rassurant du tout quand on connaît le nombre des autistes vieillissants.

Cet enfant, une fois adulte, aura-t-il droit à un endroit sécurisant et stimulant, où il pourra mener sa vie comme n'importe quel individu ? Et ce parent, après une vie de soins et d'amour, n'a-t-il pas droit à la quiétude d'esprit ?

L'expression *mourir en paix* prend ici tout son sens.

Malgré mon optimisme débordant, la précarité de l'avenir de mes enfants exacerbe ma colère et mon sentiment d'impuissance. Les cas les plus lourds, souvent des autistes non verbaux, se retrouvent dans des hôpitaux psychiatriques. Vraiment très noir comme pronostic, lorsqu'on est soi-même «propriétaire» d'un enfant autiste non verbal.

Comme tous les autres parents, je souhaite à mes fils de s'épanouir, de rêver, de réaliser des projets, d'aimer et d'être heureux.

Je passerai ma vie à marcher à leurs côtés sur le chemin de l'autonomie. Mais après, qui prendra le relais?

Qui dessinera l'avenir de Clovis sur une feuille blanche?

Qui les aimera comme je les ai aimés?

Ce chapitre est court parce qu'il me fait trop pleurer.

21

Capitaine Espoir

Je n'aime pas trop pleurer. C'est pour ça que je suis si bien dans le moment présent. Et puis quand je pleure, ensuite, j'ai le visage enflé pendant des heures. Le désastre. En anglais, on dit qu'il y a des *ugly cryers*. C'est ce que je suis, une pleureuse laide. Je blague un peu, mais il est vrai que je préfère de loin sourire. Je suis une *beautiful smiler*!

Je dis souvent que j'appartiens aux forces de la lumière. Ne vous inquiétez pas, je ne suis pas dans une secte, je tente seulement de voir le beau et le bon dans toute chose, même dans l'autisme. Surtout dans l'autisme.

Capitaine Espoir, c'est moi. Sur toutes les tribunes qui se présentent à moi, je parle d'autisme, mais surtout d'acceptation et de célébration de la différence sous toutes ses formes. Pas une petite mission! Ce personnage de Capitaine Espoir me colle à la peau. L'espoir me fait sourire. Il génère de la chaleur dans ma cage thoracique. C'est mon carburant… et il est gratuit.

Évidemment, Capitaine Espoir, ce n'est qu'une image. Je ne me promène pas en cape et collants pour encourager les gens dans la rue. Quoique, sérieusement, j'y pense…

L'adage le dit, non ? Tant qu'il y a de la vie, il y a de l'espoir !

Il est très important pour moi de vivre du côté positif des choses. Je m'explique. J'aime me sentir transportée par une bonne et belle énergie. J'aime faire les choses en douceur. J'aime faire rire les gens pour faire passer mes messages. J'aime mettre en valeur ce qui a de la valeur à mes yeux.

Je suis convaincue qu'avec beaucoup, beaucoup d'amour, tout est possible.

Franchement, je n'ai ni temps ni énergie à consacrer au cynisme. Et puis tellement de gens le font tellement bien. La tristesse des autres ne m'appartient pas. Je suis à l'amour, bon ! Un mot tendre engendre un mot tendre. Un sourire engendre un sourire. L'espoir engendre l'espoir.

J'appartiens aux forces du bien. J'ai toujours été comme ça.

Au primaire, j'allais toujours vers ceux et celles qui étaient un peu à l'écart. En deuxième année, j'ai été élue duchesse de ma classe au carnaval d'hiver de l'école Notre-Dame-de-Lourdes à Verdun. Je devais me choisir un cavalier, et c'est à Richard – un garçon très petit et très timide qui n'avait pas beaucoup d'amis – que j'ai demandé de jouer ce rôle. Il a accepté. J'étais si heureuse de parader avec lui sur le char allégorique. La rue Wellington, notre domaine.

Il y a eu toutes ces fois, dans des camps de vacances, où j'ai donné un petit coup de main à la rondouillette du groupe pendant une activité sportive un peu difficile. Toujours cette chaleur qui tapissait mon cœur.

Capitaine Espoir est là pour rester.

Un jour, Sylvain, le musicothérapeute de l'école John F. Kennedy, m'a dit cette très belle phrase : « Quand deux anges aux ailes différentes choisissent une famille, c'est qu'ils savent qu'il y aura assez d'amour pour tout le monde. »

Chanceuse que je suis, de belles personnes, j'en rencontre tout le temps !

Il faut reconnaître que Capitaine Espoir voit grand.

Je rêve d'une grande maison qui pourra accueillir d'autres enfants comme les miens.

Cette maison, elle tombera du ciel, ma Guylou ? Non. Je sais que quelqu'un de très généreux n'attend que de lire ma requête. J'ai toujours pensé qu'une riche héritière me coucherait sur son testament ! L'argent n'est qu'une formalité.

Début et suite de l'espoir.

Cette belle grande maison, que mon mari à tout faire rénovera, je sais que nous l'aurons. J'y ferai des fêtes de sensibilisation à l'autisme, un café-rencontre pour les parents, un havre de paix, une cuisine collective…

Une maison de l'amour.

Je suis pleine de gratitude. Je connais ma chance. Je remercie tous les jours le Bon Dieu de m'avoir ainsi faite, optimiste et débrouillarde. Je n'ai que ça à offrir, de l'espoir, mais j'en ai beaucoup. Un buffet d'espoir à volonté. Régalez-vous.

Je sais que ces mots que j'écris changeront ma vie. J'irai rencontrer des centaines de belles personnes dans des Salons du livre. J'irai entendre vos belles histoires de différence.

Nous nous ferons une accolade bien sentie, et la vie continuera. Ce n'est pas ça la vie, offrir de la douceur pour de la douceur en retour ? En tout cas, tous les rabat-joie et les éteignoirs de ce monde ne m'auront pas. J'ai fait le choix d'être heureuse et de le dire haut et fort.

Je parlerai de ma cause pour faire taire les bruits de fond de l'intolérance.

Si je peux être le petit outil qui dévisse le boulon de votre cœur pour y laisser entrer la petite lumière de l'acceptation, eh bien, je serai cet outil. Je nous bricolerai un beau monde, vous allez voir.

Je vous invite dans ma révolution d'amour.

Dorénavant, quand vous croiserez un enfant, un ado ou un adulte autiste, vous vous direz : «Guylaine les aime beaucoup, je vais les aimer aussi.»

Mon Léo m'avait dit de formuler un souhait, c'est ce que je viens de faire.

Lettre à mes fils

Mes beaux enfants, mes extraterrestres, mes géants
Par qui le grand amour est arrivé
Léo, tu pourras lire cette lettre à ton frère et
même s'il te semble indifférent
Je sais qu'à sa façon il va t'écouter
Merci de m'avoir choisie
Parmi tant d'autres sûrement plus gentilles, plus
jolies
Sans me demander ni diplôme, ni référence
Juste une ouverture à la différence
Je ne peux même pas dire en mots combien je
suis fière de vous
Votre authenticité et vos rires sont un incroyable
cadeau
Pour une femme si peureuse, qui se sauvait de
tout
Vous avez fait pousser des racines sous mes pieds
Des bourgeons sur mon cœur
Dans notre maison, le printemps à l'année
Depuis vous, j'apprivoise même la noirceur
Quel merveilleux plan que de nous réunir sur
cette terre

J'embrasse la puissance qui l'a fait

Dans un océan d'amour deux garçons à la mère

Votre beauté à faire oublier le laid

Comme j'aime explorer votre planète

Faire l'aller-retour dans notre vaisseau familial

L'avoir disparaît, avec vous, on a envie d'être

À en perdre même l'habitude d'être normal

Mes enfants magiciens, qui ont dans leur chapeau

Un lapin qui ne ressemble à aucun autre lapin

Un esprit construit morceau par morceau

Un cœur feutré cousu à la main

Merci de faire de ma vie une vraie vie

De m'apprendre le courage

De me remettre sur ma trajectoire quand je dévie

Mes enfants, mes grands sages

Si vous avez fait la file au ciel des âmes pour que je sois votre maman

Soyez certains que je serai tête première dans les nuages pour vous accueillir, les ailes grandes ouvertes

Notre voyage continuera dans un autre lieu, un autre temps

Une vie entière pour vous aimer et une autre complète

Je vous aime

Maman, ou, pour mon Léo, Guylaine

Remerciements

Merci à Johanne Guay (peut-être une lointaine petite-petite-cousine ?) pour ce bel accueil dans la famille de Groupe Librex. Merci pour la confiance et le soutien.

Merci à Nadine, Marike, Marie-Josée, Jean, Pascale, Annie, Chantal, Madeleine, et toute la belle équipe de Groupe Librex qui m'a fait vivre cette première expérience littéraire dans la douceur et la rigueur.

Merci à Sylvie pour la révision.

Merci à Jasmin Roy de m'avoir lancée sur la piste d'écrire un livre.

Merci à mon Steve, que j'aime d'amour.

Merci à mes enfants, Léo et Clovis, qui m'apprennent la vie. C'est tout.

Merci à mes parents, Nicole et André, pour leur présence et leur compréhension.

Merci à ma sœur, France, pour tout ce qu'elle est. Une grande beauté.

Merci à ma tante Monique, ma plus grande «fan».

Merci à ma belle famille : Chantal, Stéphane, Alex, Cédric, Thomas et Claire, de nous avoir accueillis à bras ouverts.

Merci à mes amis de nous aimer comme nous sommes.

Merci au personnel des écoles John F. Kennedy et Félix-Leclerc, des gens dévoués qui, par leurs bons soins pour mes fils, m'ont permis d'écrire ce livre en toute quiétude.

Merci à mes nombreux « amis » sur les réseaux sociaux avec qui j'échange et partage mon quotidien et qui sont si généreux et réceptifs.

Merci à Lison Lescarbeau pour cette toute première lecture.

Merci à Isabelle Carpentier-Fuentes, marraine de Clovis, pour la belle photo en page couverture.

Merci à mes amies Caroline Gauthier, Nadine Giasson, Julie Turgeon, Audrey St-Pierre, Martine Girard, mes belles gardiennes au grand cœur.

Merci à Stéphane Beaudin, l'extraterrestre en chef (c'est lui l'intellectuel beige… chut!).

Surtout, merci à vous de me lire, de m'inviter dans votre esprit et, qui sait, peut-être d'y laisser une petite trace d'amour.

Merci de participer à notre bonheur.

Suivez les Éditions Libre Expression sur le Web :
www.edlibreexpression.com

Cet ouvrage a été composé en Adobe Caslon 12,25/15,3 et achevé d'imprimer
en novembre 2014 sur les presses de Marquis Imprimeur, Québec, Canada.

Imprimé sur du papier 100 % postconsommation,
traité sans chlore, accrédité Éco-Logo et fait à partir de biogaz.

certifié

procédé
sans chlore

100 % post-
consommation

archives
permanentes

énergie
biogaz